U0598732

企业管理培训演示技巧与配乐全书

陈龙海　杨小良◎编著

地震出版社

图书在版编目(CIP)数据

企业管理培训演示技巧与配乐全书/陈龙海,杨小良编著.—北京:地震出版社,2012.6

(企业管理培训丛书)

ISBN 978-7-5028-4022-8

Ⅰ.①企… Ⅱ.①陈… ②杨… Ⅲ.①企业管理—职工培训—演示法 Ⅳ.①F272.92

中国版本图书馆CIP数据核字(2012)第023910号

地震版 XM2585

企业管理培训演示技巧与配乐全书

陈龙海 杨小良 编著

责任编辑:范静泊

责任校对:孔景宽 凌 樱

出版发行:地震出版社

北京民族学院南路9号 邮编:100081

发行部:68423031 68467993 传真:88421706

门市部:68467991 传真:68467991

总编室:68462709 68721982 传真:68455221

http://www.dzpress.com.cn

E-mail:seis@mailbox.rol.cn.net

经销:全国各地新华书店

印刷:三河市杨庄镇明华印装厂

版(印)次:2012年6月第一版 2012年6月第一次印刷

开本:787×1092 1/16

字数:258千字

印张:16.5

书号:ISBN 978-7-5028-4022-8 / F(4697)

定价:40.00元(配光盘)

编 委 会

编者的话

管理大师彼得·圣吉（Peter M.Senge）说过：未来最成功的公司，是那些基于学习型的组织。有效的学习和培训正在成为企业发展的新的动力源泉。“谁停止变得更优秀，谁就不再优秀”成为许多企业的镇山格言。在学场学习型组织革命当中，新兴的培训师队伍正在逐渐成为时代的弄潮儿，在企业的日常管理当中扮演着越来越重要的角色。

然而，正如一棵树的高速成长，枝叶的日渐繁茂须要伴随着根部的深植与扩展一样，随着培训在企业预算中分量的日渐加重，面对实践中出现的各种各样的新鲜问题，企业管理者与培训师同样需要广泛地吸收养料，寻求更完善的解决途径。正如我们所看到的，国内的管理者苦苦受困于两大问题：如何以最小的成本组织最有成效的培训？如何培养自己的优秀培训师队伍？而培训师在实施培训的时候，如何使话语活泼生动从而使听众不至于坐立不安、昏昏欲睡？如何用最简短的话语和形式让受众最大程度地领悟所讲述的思想与理念？如何让讲授不流于理论空谈而具有更实用的价值？

……

针对这一系列的问题，在长期的课程研发中，我们深切感到有必要为管理人员和培训者提供更多的培训、管理工具与素材，因此我们集中编创了这一套培训系列图书：

《企业管理培训游戏全书》

《企业管理培训故事全书》

《企业管理培训幽默全书》

《企业管理培训案例全书》

《企业管理培训演示技巧与配乐全书》

《企业管理培训经理全书》

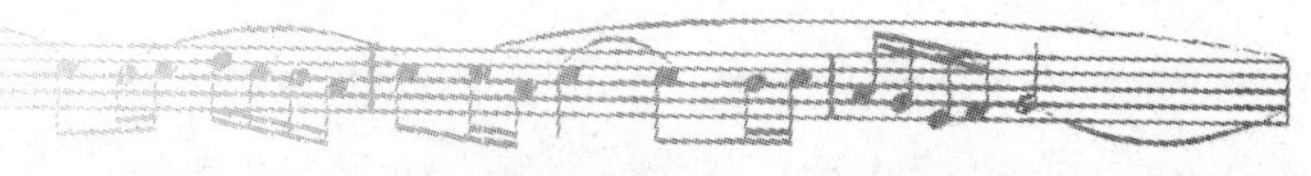

《企业管理杰出员工训练全书》

《企业管理培训师训练全书》

《企业管理户外拓展训练全书》

我们相信：如果你是一个管理者或培训师，将这些游戏、故事、幽默和案例运用于你的管理培训与日常交际生活之中，那么一定能够使你谈笑自如，魅力焕发。即使是一名普通的读者，也都能够从这套丛书中得到智慧的启迪和人生的乐趣。我们更相信，会有更多的企业培训师和企业培训管理者从这套丛书中得到灵感的火花，并且在培训课程开发和组织方面不断创新，完成从优秀到卓越的飞跃。

本书主要介绍培训者在向听众介绍PPT时的演示技巧和利用音乐增强培训效果的诸多技巧和方法，并配以光盘，希望用对读者有所启发。

本套丛书历经几年时间收集整理而成，在编辑过程中，参考了国内外的许多书籍资料，并且得到从事管理和培训工作多年的众多朋友的支持与帮助，在此深表谢意。希望本套丛书能成为广大管理人员和培训师的最佳助手和工具，也希望读者朋友将它巧妙地运用于自身的工作和生活，使工作与生活更加丰富和完美。

编 者

2012年3月

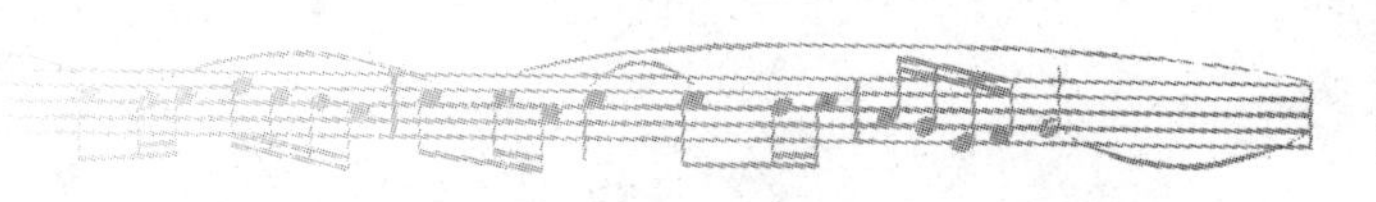

目　录

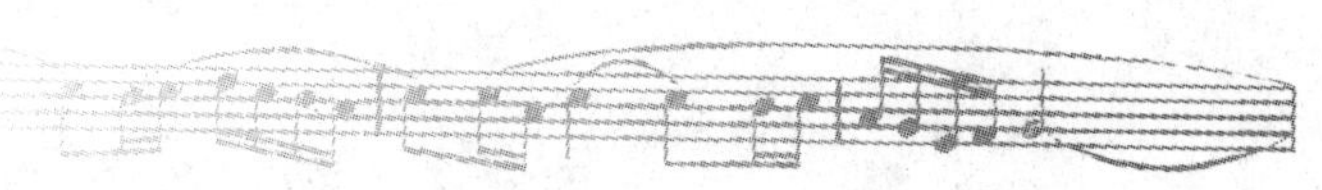

企业管理培训演示技巧与配乐全书

第一部分　演示

1

第一部分　演示

第一章　培训师的烦恼

1

演示是培训中常用的工具，很多培训师苦于没有好的演示效果而烦恼。一流的演示将带来一流的培训效果。因此，如何做好演示是培训师必须要花工夫研究的课题。

演示的烦恼

你发现自己在渐渐的进入状态：没有了刚上台时的胆怯；学员们的大眼睛不再折射出怀疑色彩的眼光，紧紧逼得你喘不过气；你思想的羁马挣脱了束缚，你已经可以滔滔不绝了。

“太棒了我爱我自己！”你在心里叫道，拿起水杯想润润喉再好好地加一把油。

就在那空当儿，你看到了让你很受伤的场面：坐在中间位置的那个胖子，趴在桌子上已经睡着了，嘴角的涓涓涎水渗湿了手下的讲义；前排的小瘦子拄着肘子正在“鸡啄米”……

你想发火，可是你知道他们才是你的上帝；

你想讲下去，可是不知道当他们从美梦中醒来时，是否会砸你一身的鸡蛋；

你想结束授课走下讲台，可是面前晃动着“鱿鱼”和飞走的钞票；

……

每天都有数不清的培训演示在各大企业中执行，想想看，在旅行路程所花费的时间，还要携带那些贵重的演示装备，这可真不是件容易的事。许多演示专家都发现一个定律，那就是即使带着重量级的展示装备，在有限的时间安装完毕，费尽心思整理出演示内容，但如果展示内容含糊不清，再有礼貌的听众也会转身走开。想要改变，培训演示者就不能仅仅是读出投影画面中的单调文字内容，而是要彻底设计出一个完全翻新、难以忘怀的演示方式。

对症下药

想来一场令人印象深刻的演示，其实最重要的是放松心情，并且跟听众维持互动关系。如何衡量一个培训演示的效果？标准是什么？我们认

为，首先应是现场的学习气氛，然后才是培训之后在工作中收到的实际效果。如果演示的现场就不尽人意，听众提不起学习的积极性，那培训的效果如何自然是不言而喻的了。

其次，无论是儿童还是成人，最容易接受的都是那些用生动的语言、形象和声音等媒体传递的信息。尤其是成人，更加依赖于通过“体验”来学习。他们已经不是靠机械的记忆来获取知识，实际上，生理的发展已经使他们渐渐地在这方面丧失了优势。成年人趋向于用自己的经历、已有的知识储备来判断、辨别理论、思想、观点的正误。因此，当他们学习新东西时，如果他们现有的经验和知识储备不能够告诉他们这是可以接受的新思维，而培训者又不能够充分演示，使他们“眼见为实”的顾虑得以消除，那么他们是断然不会服气的。实践也证明，一场生动形象而又能充分调动学员情绪的演示，远远要比一场枯燥无味、长篇累牍的演示的效果要好得多。所以在培训演示中，演示内容越真实，越形象，越生动，越有趣味，培训演示效果就越好。

企业培训的目的是为了提高员工的素质和工作能力，最终促进企业的发展。因此，在培训演示中应注重采用合适的，多样化的，有针对性的方法，达到事半功倍的效果。具体来说，培训者不仅要采取提问、分组讨论、让学生示范操作、让学生参与讲授、进行体验性操练、角色扮演、游戏等多种方法使学员参与到学习活动中来，调动他们学习的积极性，通过这种“体验式”的学习来增强认知，更重要也更基本的是，培训演示者要在演示内容的设计与表达、表现方面下足功夫，做到细致入微，力求通过生动、形象的演示有效地给学员留下深刻的观感触动，为他们接受新思维、记忆新资讯创造良好的基础条件。

理想的演示

根据以上的分析，我们认为，在我们的概念中,一场优秀的演示应该是：

◆ **一道可口的“菜”**

“可口”二字道出了演示的过程必须得让学员“吃”得津津有味，“吃”得不腻味，“吃”完之后余香萦口，感觉还想“吃”。

◆ **一个好“广告”**

一个良好的演示课程应该像好广告一样从声音、色彩、思想等方面给观众以听觉、视觉、心灵上的震撼，留有思考的余地。

◆ **一个好“戏剧”**

在演示过程中，演示者不仅自己需要像演员一样全身心投入角色，将所要讲授的内容充分地以生动的形式演绎出来展示在听众面前，而且还要充分调动听众的情感，让他们也积极投入到角色中来真正体验课程的精粹。

◆ **一剂可以治病的“药”**

无论如何，演示的内容总比形式重要，所以在演示过程中就要注意不要喧宾夺主，不要为营造气氛而营造气氛，为活跃课堂而活跃课堂，甚至做得太过，形式与内容都偏离了。

优秀演示者的三项修炼

一场优秀的演示应该是一道可口的菜，一个好广告，一台好戏剧，一剂可以治病的药。而烹调这道菜，设计这个广告，导演这台戏剧，开出这剂药方的又是怎么样一个“高人”？

我们认为，一个好的演示者是多种能力的集大成者，不仅要有渊博、丰富的知识、更要有把这些知识生动、形象地进行描述的口语表达能力，娴熟自然的态势表现能力，以及将有关信息、观点以恰当的方式有效展示的技巧。

◆ **知识修炼**

知识是演示中表达内容的物质基础。只有这个物质基础广博、坚实、深厚，才可能随处点染而尽得风流。因此，博古通今，学识渊博，往往是成功的演示者之所以成功的重要因素。

见识性知识

丰富的社会经验、生活常识、上至天文、下至地理，都是演示表达中不可缺少的辅助材料。乡土人情、风俗习惯，历史典故、轶闻趣事等也都可以成为思想交流中精彩的浪花，如果能够信手拈来皆成妙趣，让听众听所未听，闻所未闻，于是如痴如醉，深感见识大长，不枉此行。这样博古通今的演示因此具有动之以情、晓之以理、纵横捭阖、深入浅出的神奇魅力。否则，演示将会变得单调、呆板和枯燥无味。比如有的培训是这么进行表达和演示的：

……我在成都住过一个酒店，他们写了封信给我。这个是成都黄河大酒店写给我的信（向听众展示一个信封），你看，按照我们的写法，左上角（手指信封左上角）如果是你的地址，那么右下角（手指信封右下角）就不应该是你的地址，这个酒店是用自己的地址霸占了信封的上下两边。按照西方的规矩，自己的地址如果在左上角，对方就是右下角。现在好像没有人去管它，但至少我要告诉你的是没有人在信封的左上角和右下角，统统写自己的地址和自己的名字的。如果把我这个余世雏“先生收”的3个字缩小了，表示不配当先生，而且还括号，表示叫不叫先生都无所谓(自嘲，愤愤不平)。你认为他有必要把“先生收”3个字括起来吗？我懒得打电话去问他这是怎么嘲事，但是我不怪那个打字的小姐，假如说是那个小姐打的封信，我要怪那个主管，甚至怪那个公司人力资源部门，因为这种事情一看就知道缺少训练，这样的信封也寄出去…

——选自《职业经理人常犯的11个错误》

在这个节段中，培训师结合自己丰富的生活经历，生活观察以及自然而然的感悟，表达自己的情感和观点就非常令人信服。

专业性知识

演示者不仅要对自己所要演示的内容知识有深刻的理解，有对前沿问题的解决能力，了解此领域的历史沿革、发展现状和趋势、当前的“热门话题”和公共意识走向等，还要有相关领域的知识，领域的边缘知识，以及其分支的知识等作为信息的储备，随时能够拿出来应付听众的提问。如果缺乏必要的专业知识，就只能“以其昏昏，使人昭昭”，不可能给人以知识，启人心智。有培训师这么谈理论：

……在谈激励之前，首先要介绍马斯洛需求理论。马斯洛是“人本心理学之父”，如果要列举有史以来最著名的心理学家，马斯洛必应名列前茅。他与弗洛伊德一样对人类产生了重大影响。而他的需求理论是研究组织激励时应用得最广泛的理论。他把人的需求由低层次到较高层次依次分为：生理需求、安全需求、社交需求、尊重需求和自我实现需求五类（如下图）。

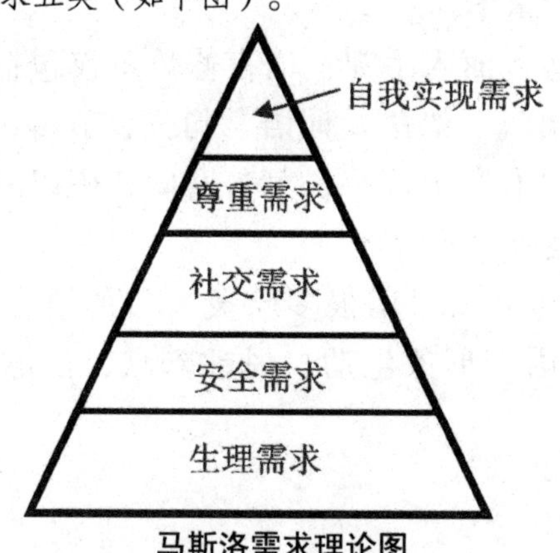

马斯洛需求理论图

生理需求（图第一层）：是对食物、水、空气和住房等的需求……（举例说明）；

安全需求（图第二层）：包括对人身安全、生活稳定以及免遭痛苦、威胁或疾病等的需求……（举例说明）；

社交需求（图第三层）：包括对友谊、爱情以及隶属关系的需求……（举例说明）；

尊重需求（图第四层）：既包括对成就或自我价值的个人感觉……（举例说明）；

自我实现需求（图第五层）：目标是自我实现，或是发挥潜能……（举例说明）。

——选自《沟通与激励技巧》

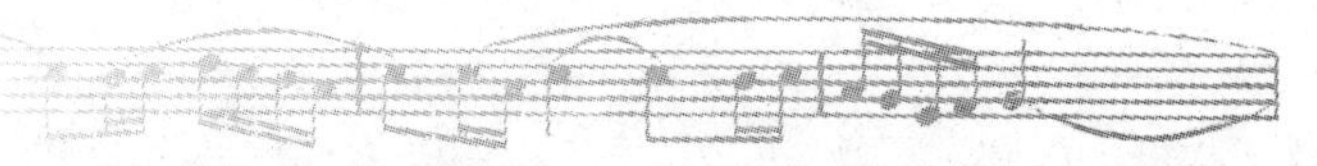

这个阶段的阐述，主要偏向于理论性，能否将理论的精华充分地提炼出来，并且结合实际生活中的例子，通俗易懂而又形象明了地展示在学员面前，是需要一定的专业知识的积累的。

◆ **语言修炼**

即使在现时各种各样的演示手法层出不穷、体验式教练的传授方式如火如荼的情形之下，语言讲授仍然是演示中信息传递和沟通的主要方式。因此，一个优秀的演示者，最基本的应该具备扎实而牢靠的语言修辞知识、语言逻辑知识以及语言表达能力。另外，为了使自己的语言更加多样化和更具表现力，演示者应该随时注意从各种阅读性材料吸收良好的语言养料。再者，随着时代的发展和生活的演变，不断有新的更有活力、生命力和表现力的语言被创造出来，演示者要使自己成为一个诚恳的生活学习者，吸取时尚语言中的精华。

语言修炼要从哪些方面入手呢？语言修炼不仅包括语言表达的音质、音色、音调、语速、语气、语法、词语、句式、节奏，还包括语言表达时的神情、态势等等，只有积极训练、刻苦磨砺，假以时日，才能成就一个能够娴熟驾驭语言的优秀演示者。

这个阶段，培训师可以引用很多脍炙人口的语言，或是古代名言，或是时尚的现代广告语，形象生动，风趣幽默，能够迅速有效地赢得听众的好感。

◆ **艺术修炼**

演示也是一种艺术。无论是语言表达，还是直观演示教具的制作，或者态势语言的运用，都是在一种整体美感效应中转换信息形态并传递出去的方式。这就要求演示者博采众长，具有各种艺术门类的基本修养，比如美术绘画、音乐、舞蹈、影视、戏剧、文学、雕塑等等。各种独特的艺术表现手段和技法在演示过程中被适当的运用，会使整个演示就会变得生动形象和有趣许多。试想一下，一个能够制作出极其形象化的直观教具，并且能够时而以相声的形式表达演示内容，时而又能够以小品的方式演绎事例的演示者，会如何受到听众的喜爱！ 我们来看一个培训师如何演示企业里面几种不同的人：

……你看有的人，讲话的时候，眼睛一直看着地上（从讲台后走出来表演；两手平放于身子两侧，低头看地，嘴里唧唧咕咕），这种人非常适合守仓库。有的人在那里讲话，一直疙疙瘩瘩、婆婆妈妈地讲（捏着鼻子学："不是这样的，你误解了，我从来没有这样过。你真是误解了，真的。不信你看一看。你误解了，你看……"一小事缠得你要疯掉），这是标准的客户服务者。有的人坐在办公室里好像屁股有刺一样（扭扭屁股，拍拍），恨不得冲出去（跑两步），这是标准的业务员。有的人吃饭的时候，菜一端上来，就用计算器在旁边计算（学：一手掌控计算器，另一手指在上面猛劲摁），这是标准的会计。这些人的天性可以和工作紧密结合。

选自《职业经理人常犯的11个错误》

第一部分　演示

第二章　整理演示百宝箱

不管怎么说，要完成一场理想的培训真不是很容易的事情，正如民间谚语所言，“巧妇难为无米之炊”，一流的演示自然需要一定工具的支持。现在，让我们看看你的演示百宝箱里面都应该装一些什么。

量体裁衣

许多培训师都有这样一个共识，那就是做一个同样的培训演示，比如团队课程，当对象不一样，像一个是企业高层管理人员，一个是一般的销售业务员的时候，培训演示所采用的方法和技巧都应该是不一样的。因为不同的对象，他们的需求不一样，管理人员更需要一些有效管理团队的方法和技巧，而一般的销售业务员他们则比较需要有效利用团队资源、有效进行团队沟通的一些方法和技巧。对同样的课程针对不同的对象进行有侧重性的演示，这就是培训演示的针对性。

所以，在培训之前，分析听众显得特别重要。如何进行量体裁衣式的听众分析呢？可以设计一份调查表，这份调查表调查的结果要能告诉我们以下的内容：

- 谁是决策者？
- 来参加培训演示的人数有多少？
- 他们的职位都分别是什么层次？
- 他们的知识结构如何？
- 他们对课程的感兴趣程度如何？
- 他们希望这个演示给他们带来些什么？
- 他们对你的演示材料的熟悉程度如何？
- 他们在演示形式方面的偏好（数字/图表、色彩夺目/纯色等）？
- 他们希望这个演示持续多久？

上述问题都有了答案之后，就可以基本决定用于做培训演示的场所、工具和媒介。

各种各样的演示工具

培训演示，不光要说得动听，讲得好听，还要演绎得更好看，展示得耐人寻味。有些话，语言表达不一定能让人明明白白，清清楚楚，拿个图一瞅什么细节脉络、内部关系都一览无余，不用多费口舌。因此，演示工具在培训演示之中扮演着重要的角色。不仅是因为有时候它比语言更能轻松地说明深奥地概念，而且因为它很多时候在直观上更能激起学员的兴趣。

◆ 传统直观演示工具

实用简单，不需要电源，资料能事先准备好，当天不需要你做太多的准备。分发材料适合任何规模的听众，但是书写板和夹纸板要使听众看得到，所以最好用于只有少量听众的场合，这样，可确保听众都能看清板书。

书面材料

这些书面材料是为了便于培训演示过程中听众跟上演示思路而事先准备好的。需要在课程开始前就将他们分发下去，并且要确保在培训演示过程当中提到或用到这些材料，使听众明确它们的用处，并充分掌握材料的内容。

书写板／白板

在现在已经比较现代化了的培训演示当中，不必像以前那样要用传统的黑板——粉笔式教学法，但是书写板仍然会有被派上用场的时候，比如较少量人数的培训演示，可以通过在书写板书写说明观点。同时，在一般的主要通过放

映电子演示文稿来展现观点的培训演示当中，书写板也是必不可少的。一些临时的灵感火花，或者一些没有突出在演示文稿中的关键词，两者都可以在演示过程中临时书写在书写板上以进行强调。使用书写板时要注意的是，尽量写大字，确保最后一排听众也能看清板书内容。使用白板的优点是：可通过磁性贴片固定挂图来与挂图结合使用，使用特殊笔进行书写的话还可以增加色彩，书写便利而且容易修改（须备板擦），移动也方便。

活动夹纸板

黑板的最大缺点是留不住记忆。因为面积是固定和有限的，你必须不断地擦来擦去，并经常擦掉正在学而且有用的东西。活动夹纸板比之黑板、书写板的优点是，一页纸用完就翻另一页来用，不用费神擦去再写。另外可以事先在夹纸板的纸上准备好图像、表格等等，用颜色强调关键点，用图表突出你的观点，这可以节省很多时间，为电子演示文稿上不易于显示的一些图表提供又一种演示的方法。同样的，活动夹纸板上面提供的内容也要确保每一位听众都能看得到。一般来说，活动夹纸板是作为电子演示文稿的辅助演示工具来使用。活动夹纸板的优点是：方便留存，便于张贴。但是它也有缺点就是：需要事前准备好图表或文字手动更换，字体须适中，同时不适用于听众位置空间较大的演示场所。

大型白纸本

大型白纸本是夹在活动夹纸板上的资料载体。就是用一大叠大张的白纸，把全部要点写在纸上，然后用夹子把所有纸夹在活动夹纸板上。演示进行到什么内容，就翻到那一页。这样做的好处是十分明显的：可以提前准备好所有的材料，还可以加上各种必要的图表（要现场在黑板上画这些表格是十分费时的，而且可以在演示过程中往回翻到已讲过的所有内容，从而节省很多时间，也方便听众们的听课。另外一个是，这些资料可以成为今后举办类似培训演示的参考资料的积累。

◆ 一般视听工具

这一类包括一些最常用的视听工具，它们没有很高的技术要素，但

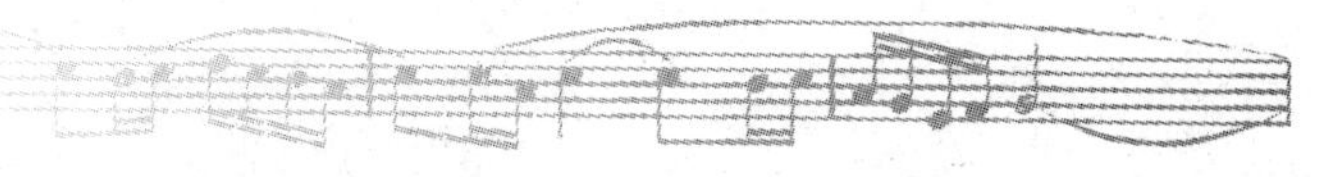

能取得良好的效果。这些设备须在培训开始当天安装好，但是资料利用于投射的幻灯片等可事先准备好。

幻灯机

幻灯机是较为老式的电化教学的仪器。它较之以往更加原始的演示工具比如黑板、纸本等的优点是，可以通过光学的原理将幻灯片上的内容投射到银幕上去，足以让大面积内的几百号人看得清清楚楚。不过，与幻灯机使用相配套的幻灯片（也就是俗称的“胶片”），需要预先准备好，这是一个比较专业的工作。幻灯片制作好之后不容易进行改动，这是一个缺点。另外，幻灯机需要银幕的配合，这也是比较麻烦的地方，但是这样一来效果也比传统的演示工具要好很多。如果要在演示中使用幻灯机，那么在培训演示开始之前就要把能说明观点的幻灯片放进幻灯机里，还要试着操作一下幻灯机。

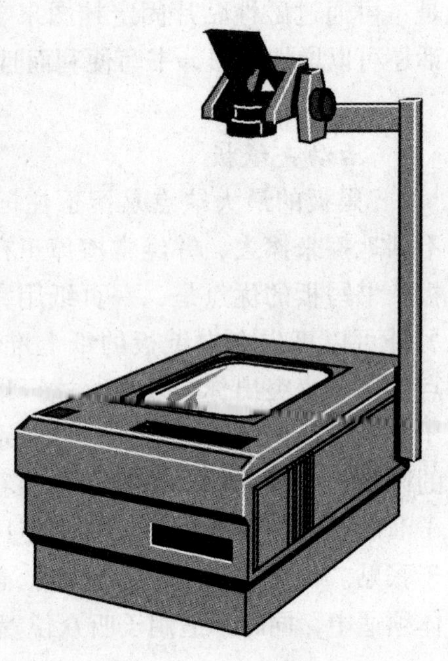

投影机

投影机在投影时，距离屏幕越远投影的画面越大。放置投影机时最好留出至少3米的距离，使画面能达到2米左右，这是投影的最好效果。大屏幕、稳定清晰的图像、多媒体的影音效果……投影机能够带给听众视觉和听觉上的一种享受。在培训演示中，投影机是展示图表、图像影音资料的最好方式。在演示过程中，可以用指示棒指示听众注意特定的图表或数据，不过此时要注意不要挡住听众的视线。投影机携带方便，可与电脑结合使用，播放演示文稿，并且投影画面大，操作方便，视觉效果非常突出。但是在使用的时候须要有电源，并且会产生噪音。

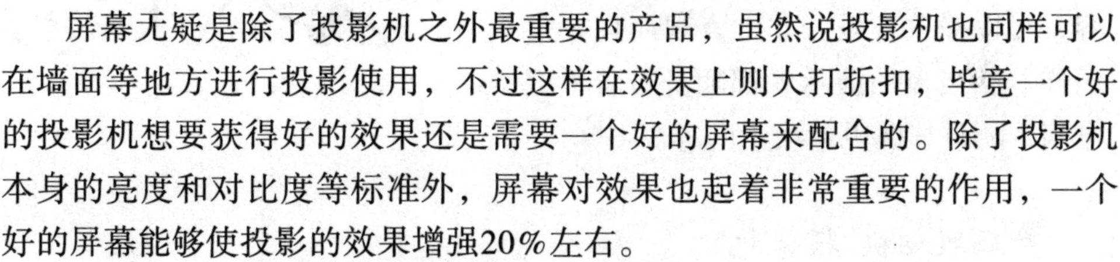

屏幕无疑是除了投影机之外最重要的产品，虽然说投影机也同样可以在墙面等地方进行投影使用，不过这样在效果上则大打折扣，毕竟一个好的投影机想要获得好的效果还是需要一个好的屏幕来配合的。除了投影机本身的亮度和对比度等标准外，屏幕对效果也起着非常重要的作用，一个好的屏幕能够使投影的效果增强20%左右。

音响系统

在有大量听众的场合，还需要有麦克风话筒、音箱等整个音响系统。

◆ 现代数码工具

这类工具包含较高的技术含量，需要专业人员安装。但是使用这些先进的视听工具能产生惊人的效果，很值得使用。

录像机／录像带

使用录像机和录像带可以放映简短的活动影像或不能亲自到场的人的发言。录像的优势在于有声音、色彩、动作等。

VCD／DVD（机）

使用带有动态画面和声音的光盘，在带有扬声器的大型显示器上做演示。有清晰的画面和色彩、声音，播放时非常方便。

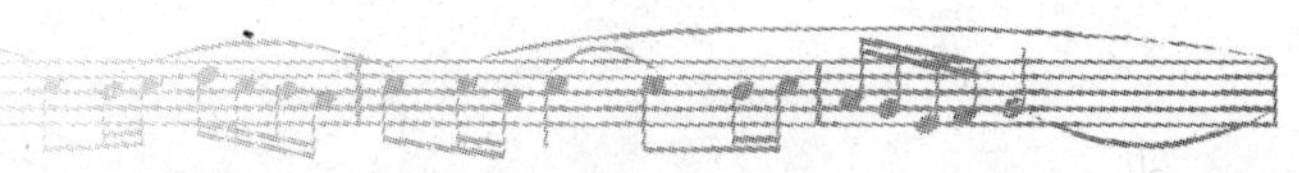

电脑图像

电脑能将图画、图表或三维影像显示在屏幕上。动态画面还能显示统计数据如何随着时间的推移而变化。在现代的培训当中，一般的培训演示者都随身带着笔记本电脑，将演示内容大量地存储在电脑中，预订的演示内容以及可能用到的演示资料都能在电脑中随时制作和找到。运用电脑，可以更容易制作出更多姿多彩的演示内容，可以播放音乐，非常直观而且方式多样。相当多的演示者都随身带着手提电脑，随时掌握更新演示内容。

数码照相机/摄像机

用于记录讲课、角色扮演等现场过程。一旦录好，就是永久的培训演示资料，可以随时随地重放。

在角色扮演练习中，通过这种记录手段，拍摄听众在培训演示中的行为、发言等，将其导入电脑放映到屏幕上进行讲评，可以让听众了解他们自己的表现和行为。

◆ **个性化演示工具**

除了以上这些演示工具之外，培训演示者根据自己的喜好，还可以选择很多个性化的工具。比如以下这些：

激光束

激光束主要用于远距离指示屏幕内容。但是，除非确定自己能够很准确地“击中”想要指示的演示内容，否则轻易不要使用激光束。因为如果激光束晃来晃去却不能够告诉听众真正想要强调的内容，会扰乱听众视线，反而造成不好的课堂效果。

展示架

另一种增加气氛、提供信息的工具是展示架。为了使培训现场环境与培训内容、培训目的协调起来，可在现场周围适当布置一些展示架，把有关资料贴放在上面，既能让学员得到额外的辅助信息，同时也使培训主题有更佳的接受性，培训效果也更好。

遥控鼠标

在笔记本电脑流行的培训演示者队伍里，遥控鼠标的使用也非常流行。因为它可以远距离地对演示的内容进行遥控，下移、上移、切换……

录音笔

在数码时代，录音笔因为轻盈小巧录音功能却非常强大，所以受到很多培训演示者的青睐。录音笔可以将演示现场的某一个过程进行录音，然后回放分享，或者保存留念等等。

随机道具

专业的培训师还懂得如何随意地运用道具。在幼儿园、小学、中学乃至大学的课堂上，经常会有老师应用各种各样的教学工具来辅助教学，如动物图片、动物标本、拼音卡、单词卡、地图、地球仪、望远镜、显微镜、电脑等等，我们上学的时候曾经也像今天的小朋友或中小学生们一样对这些东西产生兴趣，老师上课的时候同学们都听得特别认真，并总想去亲手碰一碰，摸一摸，这就中了老师利用学生好奇心的圈套。其实成人同样有好奇心，在培训授课中为吸引学员的注意，有经验的授课顾问经常会应用一些离奇古怪的东西来辅助授课，增强培训的效果。

比如，在讲授企业信用风险管理课程时，就可以用一只鞋子做培训工具，如果从正面来强调企业信用风险管理的重要意义不易被学员接受，而运用培训工具效果则完全不同。培训师举起一只鞋子，学员都感觉非常奇怪，这时提问：我手上举起的是什么？学员更感到奇怪了，都纷纷回答说是鞋子啊。接着培训师继续提问到：鞋子是做什么用的？这时学员开始感觉可笑了，这样简单的问题来提问，真没水平。培训师接

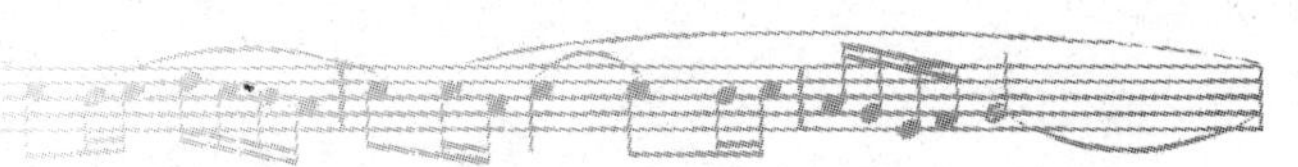

着讲到：我们每个人都知道要穿鞋子，目的是预防脚被冻伤、被刺伤，这是最简单的预防事故的做法，但我们为什么就不愿为企业也穿上一双预防信用风险的“鞋子”呢？难道企业的财产不比我们的鞋子重要吗？学员们听到这里恍然大悟，在领悟了企业信用风险管理的重要性之余不由赞叹顾问的高超授课艺术。

最重要的工具——演示文稿将在下一章中做详细介绍。

考虑听众人数

当面对坐得很近的少量听众演讲时，不管使用哪类工具，每个人都能看得清楚。但是，当面对于大量听众的时候，适用于少量听众场合的视觉工具就可能不再适用，坐在远处的听众就可能看不清楚。

不同的演示工具适合不同数量的听众，但是如果条件有限，你也能让演示工具适应任何数量的听众。例如， 如果你在使用电脑图像，但是又不想在放大时使图像失去精确性，就可以把你显示在屏幕上的图像打印出来，分发给每一位听众。或者， 在给大量听众做演讲时，将图像投射到几个大屏幕上。

选择演示工具

理想的演示工具是那些在任何演示地点都可以通用且易于架设的装备。直观的教具不但要求在任何大小的房间内、灯光下都可以使用，而且要成本低、易于修改还可以使用任何现有复制设备制作。这些直观教具色彩要光亮、清晰（也可以是黑白色的），无论听众有多少，都可以看清。

然而，这样的媒介工具至今还没有面世，所以，我们只有根据我们的实际需要，参照不同的媒介的优缺点来进行选择。

◆ **印刷材料**

优点：

一般而言，在培训演示开始前，每个听众都可以收到属于自己的材料

复印件。使用这种演示工具的优势在于，可以体现在课程中每一个人都是平等的成员，同样，听众可以直接在印刷材料上书写记录，做笔记，也可以随便前后翻动页面，了解培训师当前所讲的内容，紧跟进度和思路。

缺点：

使用印刷材料不利的地方在于，听众可能会超前阅读你不想讨论的部分,提出本来想在以后再加以讨论的问题。同样，由于每个人都低头看他/她的资料，培训演示者可能会失去同听众目光沟通的机会，失去他们的注意力，更无法知道听众是否跟得上自己的思路。另外，印刷材料最好应用于4个人左右的互动交流演示场合（当然，人多的时候可以分组）。

◆ 黑板架或电子白板

优点：

黑板架或电子白板对于讨论来说较为便利。在交互式课程中，记录下讨论产生的想法会让听众有一种参与感，可以使讨论高度活跃。

缺点：

黑板架或电子白板的培训演示者需要保证自己的书写是工整而易于辨认的，并且能够在演示过程中书写快速，保持板面简洁。否则的话，演示者的大多数时间会是背对听众在黑板上书写而不是同听众沟通和交流想法。另外，值得一提的是，当听众人数在15人以内时，可以单独使用这种教具，超过这一人数，最好用投影机。

◆ 透明胶片投影仪

优点：

透明胶片投放映可以改变使用次序，可以根据实际情况随机应变省掉一些幻灯片，或增加备用的视觉工具。可以在空白的透明胶片上记录突发的灵感。除此之外，使用透明胶片还可以使室内灯光明亮，给予培训演示者很大的与听众进行交互式交流所需要的机动性。

缺点：

要使用透明胶片投影机，最好是听众人数在15人以上（最好少于40人）的时候。

◆ 35毫米幻灯片

优点：

用这种工具，演示者通常只需要手拿话筒站在讲台上，使用遥控器从一张幻灯片按既定的次序切换到下一张幻灯片，一般在与学员较少交流的演示场合较为适用。

缺点：

使用35毫米幻灯片，最好是当人数在40人以上，而又需要与学员进行比较多的交互式沟通时。人数在20～50人之间的时候，可以在35毫米幻灯片和透明胶片投影机之间进行选择，决定因素在于是否打算与学员进行较大程度的互动式交流。

◆ 多媒体媒介

优点：

随着计算机、液晶投影仪、多媒体等技术的发展，动画、声音及图像等多媒体媒介的电子演示模式变得越来越流行。这种在屏幕上的演示技术最重要的好处之一是，在演示中或当演示者处于从一个演示地点赶往另一个演示地的间歇中，可以修改内容，及时增加内容和创造假定分析情景。另外可以肯定的是，录像、声音、动画或特殊效果使交流更为生动，并因此能使人印象更为深刻。

缺点：

另一方面，动画、渐隐、扫出（入）、飞动箭头等这类东西可以使你的演示看起来非常巧妙，然而在使用这些技巧的时候我们需要确定它们能够增加课程的互动性，否则听众的注意力就会更多的放在这些视觉技巧上面，而不是注意培训师所阐述的内容。

第一部分　演示

第三章　魅力内容设计

1

对于一个演示者来说，演示内容的设计是最反映实力根基的一个环节。他既需要知识和经验的积累，又需要即时灵感的浮现和巧妙而合理的整合设计技巧。如何将你众多的思想、观点、信息等按照逻辑条理性整合成一个有骨有肉、成系统的课程？如何找到成功设计课程内容的规律性技巧？这就是本节所要阐述的。

因人制宜，考虑听众

对于我们设计的演示内容来说，它的受众是台下众多的听众。同时，听众也是我们演示的最终评价者。听众听得开不开心，满不满意，这是我们不能不去考虑的问题。从营销学的角度来说，正所谓，客户需要的才是有价值的，是需求决定生产，而不是生产决定需求。我们的演示就是一种产品和服务，也必须要面向客户，从客户的需求出发来进行开发和设计。所以，在设计一个演示课程的内容之前，首先要明白来参加这个演示的都是些什么样的人，自己是为什么样的人在进行内容设计，他们都有一些什么样的特点，他们喜欢听到什么样的内容，不喜欢听到什么样的内容。诸如此类的问题，他们的答案都将成为你设计演示内容的依据。

那么如何进行听众分析呢？听众又如何决定演示内容的风格呢？下面我们将从三方面进行阐述。

◆ 听众的心理状况

听众的性格、气质、心境、需求和兴趣等都会决定他们对演示者表达的内容产生不同的心理反应。

不同性格气质的人有不同的语言风格喜好。比如脾气暴躁的人喜欢温和婉转的演示风格；胆小怯弱的人讨厌主观强硬的演示风格；性格外向的人对开朗、活泼和直率的演示风格感兴趣；性格内向的人比较容易接受沉静、稳重、坦诚的演示风格。不过，虽然每个人均有不同的性格特征，但在一定环境、氛围，面对一定的问题，听众的心理活动会有大致相同的指向性，演示者如果能够在把握好这个共同的指向性的同时，照顾到各种不同性格气质听众的喜好，则能够与听众达到情感和心理交融。

人的需求也是各种各样的，有些人希望通过你的演示得到工作、事业方面的指导；有些人希望得到放松身心、轻松学习的机会；有些人希望能够结识朋友拓展人脉；有些人希望能够通过一起参加这个活动来增进团队间的感情……只有在坐演示内容设计的时候充分考虑到听众的这些需要和兴趣，才能够与他们产生共鸣，奏出和弦。

◆ **听众的年龄、性别状况**

不同年龄、性别的听众他们对世界的理解的侧重点是不一样的，他们的特别关注点、敏感话题也是有所差别的。

未成年的孩子习惯于直观形象的思维，情感容易受到语言的支配，他们喜欢接受形象生动、简易、通俗易懂和富于幻想色彩的演示风格；青年人的生活丰富多彩，时尚感很强，他们更喜欢富于时代感的、时髦的、富于哲理的、节奏快的演示风格；中年人肩负家庭和事业重担，看重事业，讲究务实，他们希望演示是朴实、明快和实用的；老年人人生经验丰富，喜欢稳重、含蓄、谦逊的演示风格。

性别的不同也会产生不同的心态和接受习惯。男性一般喜欢坦诚直率，希望演示风格是开朗奔放的。女性则爱美心理强，很注意他人对自己的评价，忌讳别人直接地说出自己的毛病。比如她们不喜欢别人称她们为“女强人”，同样的意思，变一个说法叫她们为“优秀的女人”，更容易被她们所接受。另外，女性天生防范心理较强，不喜欢别人在自己面前锋芒毕露、“耀武扬威”，她们会比较喜欢口语委婉、温和一些的演示风格。

基于以上的分析，对于不同年龄、不同性别的听众，演示者要做出不同的演示内容和不同表达方式、演示风格的选择。

◆ **听众的文化状况**

有一个故事说的是一个秀才去买柴，他对卖柴的人说：“荷薪者过来！”卖柴的人听不懂“荷薪者”（担柴的人）三个字，但是听得懂“过来”两个字，于是把柴担到秀才前面。秀才问他：“其价如何？”卖柴的人听不太懂这句话，但是听得懂“价”这个字，于是就告诉秀才价钱。秀才接着说：“外实而内虚，烟多而焰少，请损之。”（你的木柴外表是干的，里头却是湿的，燃烧起来，会浓烟多而火焰小，请减些价钱吧。）卖柴的人因为听不懂秀才的话，于是担着柴就走了。

不同知识文化水平的人，他们的理解能力也不同。一般来说，受教育程度高的人，注重演示内容表达中的精确性，爱抠字眼，能够对演示表达做出理智而准确的反应。受教育程度低的人喜欢直来直去与通俗简单的口语式演示表达，他们的反应比较感性，一般体现在情绪上面。所以，对待受教

育程度高的人，适合使用比较典雅庄重的演示表达风格；而对受教育程度比较低的人，使用日常口语式演示表达风格比较容易让他们接受。

◆ **听众的职位状况**

职位状况是人的身分和社会地位的表现。人的身分和地位不同，人生经历肯定也不一样，他们的心理状况也会存在差异，在演示内容和表达方式方面他们也会有不同的适应性。

社会地位较高的人，对事业、前途、社交方面的内容关心程度比较高；社会地位低的人，对自己生活、工作和周围的事物比较关注。

演示如果要取得成功，一定要因人制宜，根据不同的听众设计不同的演示内容、演示风格和表达风格。即使是“药”没有办法换，也要换换“汤”。

内容构成：骨·肉·水

一个演示到底应该包括什么内容？就像人体内要有骨头，有肉，有水分一样，一个演示需要有深刻而系统的思想（骨头），要有丰富的材料（肉）来是思想变得充实而有力，需要有真挚而适度的感情（水分）使整个演示变得饱满而有生气。所谓“晓之以理，动之以情”就是这个道理。

◆ **正确而深刻的思想**

任何的演示，均像说话和写文章一样，要传达一定的信息，一定的思想和内容。比如人力资源管理体系的演示，所要表达的是你对整个人力资源管理体系理论和实践的理解和深刻体验，你需要传达给你的学员这样的思想和信息内容：为什么要建立人力资源管理体系？理论上如何建立人力资源管理体系？实践中我们又如何操作？成功的企业是如何做的？他们成功的经验有哪些？又有怎样的失败的教训？等等。

演示的思想内容是演示者平时的理论积累和实践经验总结的精华，是一个方向性的概括论断。它需要众多材料的证明和充实。

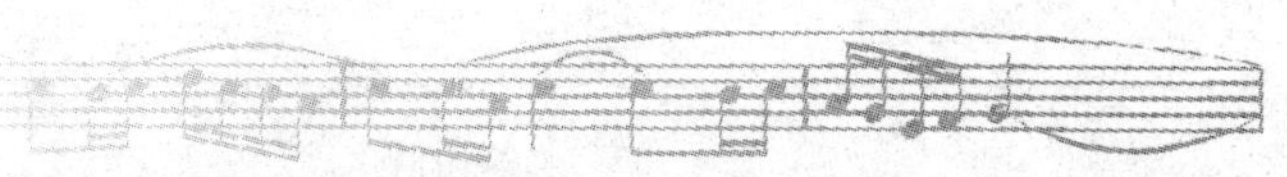

◆ **丰富而充分的材料**

为了证明和充实自己的思想论断，需要大量的材料来作为演示的血肉。这些材料包括：现实材料和历史材料、正面材料和反面材料、概括材料和具体材料、直接材料和间接材料。要让演示中具备丰富而充分的材料，需要从材料的收集积累、材料的精心选择和材料的巧妙运用三方面下功夫。

材料的收集积累

大量的材料不是一时半会儿能够堆砌出来的，需要经过长期的收集和积累。一个是要在生活中随时注意多加观察。很多事情如果不认真进行观察、认真进行分析，就仅仅能够知道其表面的现象，而无法了解它内在的本质。演示者是一个信息的传播者，因此需要做生活中的“有心人”，把生活中各种各样的材料用眼睛做摄影机拍摄下来，看点、看面、看深、看细、看过去、看现在、看将来，并贮存在头脑的“仓库”里面。另外，要多加调查。没有调查就没有发言权，要了解一个比较复杂的事情往往不能够只靠道听途说和只言片语，而要靠深入的调查研究方能得到比较透彻的结果。再一个，要广泛地进行阅读涉猎。一个人的生活空间和时间是有限的，不可能事事经历，而阅读可以让我们最大限度地吸收间接的经验，扩大我们的认知范围。所有的这些收集到的材料，最好是能够按一定的专题进行分类储存，以便日后运用时查找和搜索起来更方便。

精心选择材料

在积累下来的庞大的材料数据库中，哪一些适合作为这一个演示的内容呢？这就要对材料有所选择。选择材料的主要标准有三。一个是要能有力地支持主题，比如自己感受很深的材料，这些材料能让你自己深受感动，较之其他材料更容易感动别人；自己亲身经历和体验过的材料，它们能使听众感到真实和亲切，并给予极大关注；听众感兴趣的材料。另一个是要有吸引力。什么样的材料是有吸引力的材料呢？一般是新鲜、具体、有趣味和有逻辑性的：新鲜，就是新人、新事、新成果、新情况、新理论、新观点；具体，就是能让听众能够想象得到，感受得到；有趣味，就是要有动人的情节，能引起悬念，有幽默感；逻辑性，就是指材料符合生活的法则，能让听众产生同感、心悦诚服。

再就是要有典型性。选择与大多数听众曾经经历或感受过的事物有关的材料会使演示更具有实际意义。

材料的巧妙运用

选择出来的材料应该如何进行调整和配置使之最大效能地为整个演示“增添光彩”？就要靠材料的巧妙运用。材料的巧妙运用实际上是一个整合的过程，类似于写文章，某一个材料放在前面先提出，还是等到后面再叙述，哪一个效果更好？这都有讲究。在现如今，先提出一个案例设下悬念引起听众的兴趣，然后做理论陈述（能用形象生动的语言、图像等表达更好），接着用生活中浅显的例子证明理论的正确性，最后，分析前面提出的案例（能与听众建立互动最好），这似乎已经成为众多演示者设计演示内容时组织材料的一种套路。当然，中间有许多知识点的延伸，是完全可以古今中外侃侃而谈的。

真挚而适度的感情

虽然随着社会竞争的加剧，现在的人们是越来越现实了，但是说到底，人，还是一种感情动物，也还是希望能够被感动。一个演示，能够从感情上得到听众的认同，就已经成功了一大半。从客户服务的角度来说，最关键的并不是你给了客户多少好处，而是你在多大程度上让客户感受到了你服务的认真而真诚的态度。一个演示者，不仅要让听众感受到你自己在做这个演示的时候对听众的真诚的情感，更要在讲述和演示演示内容的时候根据内容的变化而表现出不同的感情。

感情能够加强语言表达的效果。同样一句话，由于声调、快慢、音色变化的不同，就会表现出不同的感情。演示者要注意根据演示的内容和思想设计与之相应的感情。情感具有感染力，可以促进沟通。充满情感的言语有激动人心、催人泪下的感染力，这种情感的相通可以演变为彼此心灵的相通，从而缩短演示者和听众之间的距离，使听众更好的理解自己的意图和情绪，欣然接受演示者的思想和观点。如果演示者在演示的时候不带任何感情，冷冰冰地扮酷，即使你的思想内容是多么的正确，听众也会感觉到索然无味，毫无情趣。

不过，感情也要保持在听众所需要和所能接受的程度之内，不能过

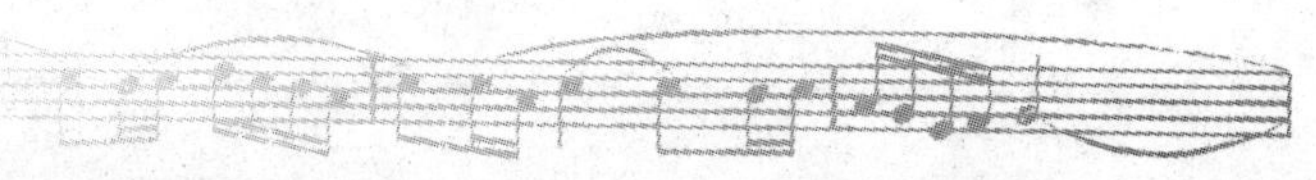

度泛滥。演示者演示的时候感情保持零度恒温，不痛不痒，平淡无奇，毫无跌宕，听众就很难有所触动。但是如果感情太过夸张，超过了听众所能接受的程度，就会使他们觉得莫名其妙和滑稽。所以，演示感情的设计要合理和恰到好处，既要让自己的感情真切畅快地表达出来，又要使感情与自己表达的思想内容协调一致。

直观文本：强有力的观点

演示是一个综合事实和意见的过程，并不是所有要讲的东西都有必要放在屏幕上呈现给听众。我们需要做的是把最强有力的观点摆出来。

◆ 直观文本的作用

直观文本在演示当中是一个重要角色，不少人仅仅把它的作用理解为“提纲挈领”，让听众明白和跟上演示者的思路和进度。然而，直观文本更具体的作用还有另外两个方面：

（1）帮助观众看清一个复杂演示或章节的结构。

比如：

有效的电话流程：

① AIDA销售技巧；

② 怎样开始第一句话；

③ LSCPA异议处理技巧；

④ 怎样完结一个电话对话。

（2）强调一些重要的观念。

最直观的词有“三个问题”、“四个结论”、“五个建议”、“六个步骤”等等。比如

电话注意五个事项：

① 建立客户对你的信心；

② 帮助客户了解他们的需求；

③ 简化你的对话内容；

④ 强调客户的利益；

⑤ 保持礼貌。

◆ 创造强有力的观点

为了取得更好的演示效果，直观文本的“角色职责”被定格为创造强有力的观点。怎样的文本可以完成这样的“使命”？我们认为，一是要逻辑合理化；二是要文字简洁化；三是要文本图像化。

逻辑合理化

任何的论述和证明都是有逻辑的，不能将原因当成结果，也不能把结果错当原因。当文本是在进行一个论证时，我们要依循一个我们曾经用过的证明合乎逻辑的解决问题的方法，比如按照事情的时间顺序，或是其他的分析的次序来提出结论和建议。

要达到逻辑上的合理，比较有效的方法是用鲜明显眼的字体字号和颜色先提出建议，然后，使用剩下的空间来列出主要理由。但是要注意这些理由的罗列千万别啰嗦，否则蝇头小字爬满整个屏幕，即使你是听众，也会头晕的。

文字简洁化

文本演示的诀窍在于提炼。一个好的直观文本并不是把所有要讲的内容全部放在上面，而是要在简练概括所要表达的核心观点的同时，创造一种清爽明了的版面效果。听众可以从这些直观文本中产生无限的遐想，把握演示者的思想主干，而演示者本身则可以在天马行空式的展开论述中做到“形散而神不散”，保持整个演示的系统性。

怎么样才能将直观文本变得简洁明了？主要的技巧有三点：

① 必须展示的内容不等于必须讲的内容，直观文本只需展示必须展示的内容；

② 清楚附加说明的评论内容，如“例如”、“就是”等词，并将这些词和内容从展示的直观文本中剔除；

③ 直观文本只需要展示关键词，提炼句子中的关键词，将句子从8个字编辑简化为5个，从5个到4个，依此类推。

我们不需要长长的文本，而需要把它们简化为演示中必须用的简短形式。从以下这个例子，我们可以看看这个过程中我们可以减掉多少内容：

大致来说，事务可以分为4种类型，管理者花多少时间，应视其类型而定。

① 与客户洽谈业务、未按时交货、设备出故障、产品质量出现问题等紧急而且重要的事情。管理者对这类型燃眉之急的事一般都不会马虎，必须花上整天的时间来处理，直到解决为止。

② 远景规划、产品创新、人才培养、组织协调等重要但不紧急的事情。这类事务看起来一点都不急迫，可以从容地去做，但却是管理者要下苦功夫、花大精力去做的事，是管理者的第一要务。如果不在这类事务上花最多的时间，管理者就是“不务正业”。

③ 批阅日常文件、工作例会、接打电话等紧急但不重要的事情。这类事务也需要管理者赶快去处理，但不宜花去过多的时间。

④ 可不去的应酬、冗长而无主题的会议等不紧急也不重要的事情。对于这类事务，管理者可先想一想：“这件事如果根本不去理会它，会出现什么情况呢？”如果答案是“什么事都没发生。”那就应该立即停止做这这些事。

经过简化之后，我们的直观文本如下：

事务4种类型：

① 紧急而且重要的事——不马虎；

② 重要但不紧急的事——第一要务；

③ 紧急但不重要的事——赶快处理；

④ 不紧急也不重要的事——先想一想。

通过简化，现在既可以让听众看清屏幕上的内容，同时，也可以不拘泥于屏幕上的文字，根据需要决定要阐述的内容的详略。

文本图像化

如果你要求达到更好的演示效果，那么，你还得进行下一步，也就是把文本转化为更直观的结构图像。我们可以这样认为，通过阅读文字，可以找到隐含其中的各种想法的关系，而结构图像却能使这些关系更加显性化。

下面是一个文本演示，它确定了在同理心沟通中各个方式的重要程度。

同理心沟通：

① 我们使用的文字占15%；

② 肢体语言占50%；

③ 语气和语调占35%。

文本可以起到很好的效果，但是毫无疑义，用结构图像来显示文本之间的关系时，效果就更为显著了。因为它本身就是一种令人印象深刻的醒目的直观演示工具（如下图）。

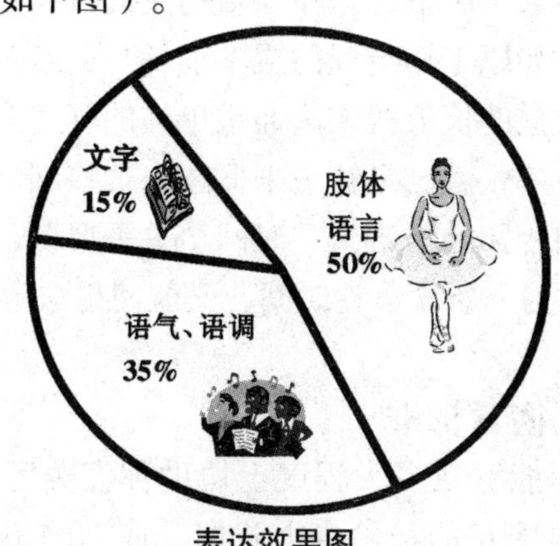

表达效果图

关于图表、图像的设计，我们将在下一节重点讲述。

用图表说话

无论如何，我们都得相信，直观的信息比单纯的文字表述所表达出来

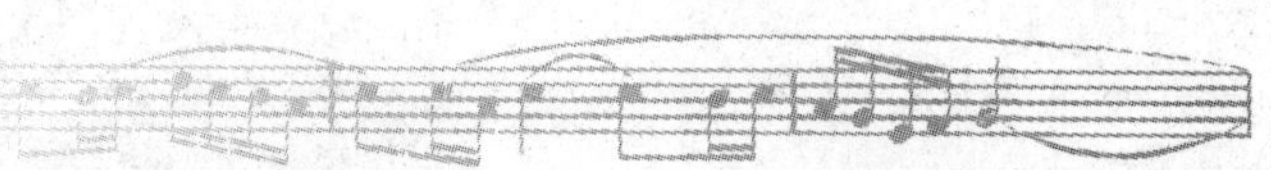

的信息能更清楚、更便捷的显示关联的作用。

图表在商业沟通中扮演着重要角色。无论是文字沟通还是语言沟通,或者是多媒体沟通，都必须用到，因为图表有非常强的直观效果。

◆ 图表的作用

在培训演示中图表的作用，可以概括为以下几个方面：

迅速传达信息；

直接专注重点；

更明确地显示其相互关系；

使信息的表达鲜明生动。

使用图表的方式表达问题会达到更加简洁．明了的效果。商业图表的作用在于用图表的形式生动地呈现数据。图表看上去令人愉悦，而且能使使用者更轻易地通过数据看出对比、模式和趋势。有句老话叫做“一张图能顶千句话”，在培训演示中，我们不妨将其解释为“一张图表远胜千言万语或堆砌数据”。虽然在多数情况下，陈述少量的关键数据是通常的做法，但在做比较复杂的对比（比如原工作流程的成本消耗与创新工作流程的成本消耗间的对比）的时候，数据的价值就无法通过单纯的陈述来充分发挥，而要靠几张简单的表格（往往一张就已足够）来概述出这些细节并给人留下深刻持久的印象。有几个妇孺皆知的俗语：“时间至关重要”，“时间就是金钱”。有效地利用图表不失为一条既节省时间，又能使想法为人所理解的捷径。

◆ 成功图表的衡量标准

不过，图表实际能够在多大程度上协助你完美完成使命，也许还取决于图表的标准程度。多年的经验告诉我们，成功的图表都具备以下几项关键要素：

少而精；

每张图表都传达一个明确的信息；

图表与标题相辅相成；

清晰易读；

格式简单明了并且前后连贯。

例：

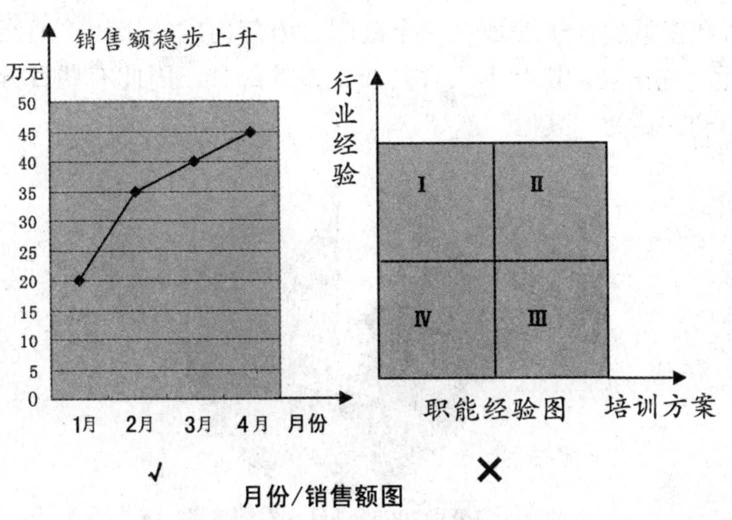

月份/销售额图

以上的两个例子中，左图非常标准，而右图却是失败的。败笔有三处：一是大标题不显眼，容易跟图表中的文字混合；二是没有方向性标示，纵横坐标哪边表示高哪边表示低？三是Ⅰ、Ⅱ、Ⅲ、Ⅳ不知所云，不清楚跟标题有什么联系。

◆ 图表的类型

以ABC公司为例，图表分为数据类图表和概念类图表。

数据类图表

（1）表格。

表格是对数据的基本分类性罗列。它比直接的文字表达要直观，可以有很多层次，适用于比较大概的数据比较，表格可以进一步做成饼状图、条形图、柱形图、线形图或者散点图等等。如：

公司薪资层次分布表

月薪（元）	人数
<3~00	35
3000~5000	80
5000~8000	30
≥8000	10

（2）饼状图

饼状图最适合于表现在一个范围做内部构成的比较，通常运用百分比数据做直观比较。饼状图不宜分成太多的部分，因此有些百分比非常小数据可以合并称为“其他”。如：

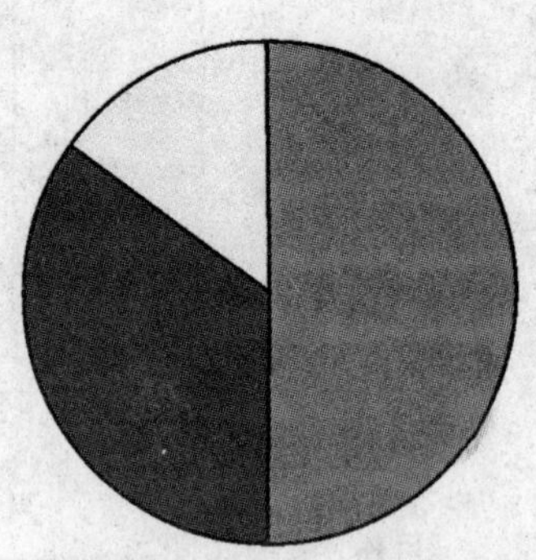

A公司2005年1月销售组成图

（注：□甲产品 ■乙产品 □丙产品）

（3）条形图。

条形图适合于表现同一对象在不同时间、地点、方式等条件下的不同数据，或者同一时间、地点、方式等条件下的不同对象的不同数据的对比。条形图还可以进一步做成线形图以利于进一步的分析。如：

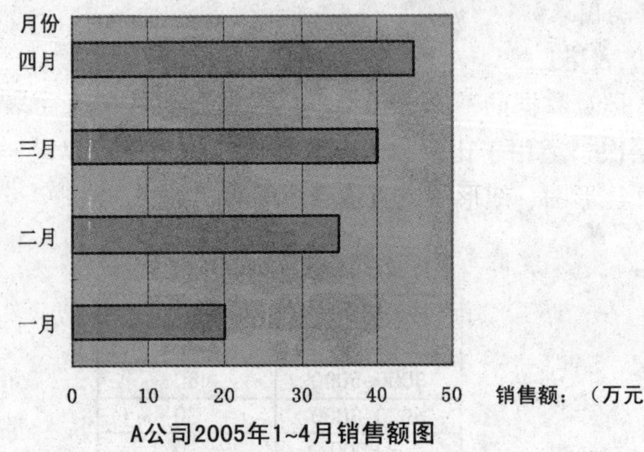

A公司2005年1~4月销售额图

（注：■系列1）

（4）柱形图。

柱形图具有条形图所设没有的立体感，但是不能够像条形图那样背对背做两组数据的关联性对比。如：

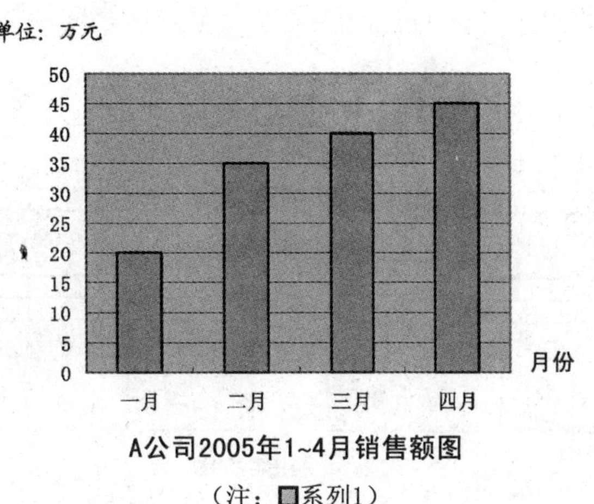

A公司2005年1~4月销售额图

（注：■系列1）

（5）线形图。

线形图不仅可以有效表现同一对象在不同时间、地点、方式等条件下的不同的数据，或者同一时间、地点、方式等条件下的不同对象的不同数据对比。还可以反映出这些数据间的发展趋势，或上升，或下降，或徘徊。人们常常通过线形图找出事物发展的轨迹，分析它的内在规律，以对它未来的发展作出预测。

（6）散点图。

散点图主要用于分析数据与数据之间的关联。也可在做样本调查分析的时候使用，统计数据的分布（如右图）。

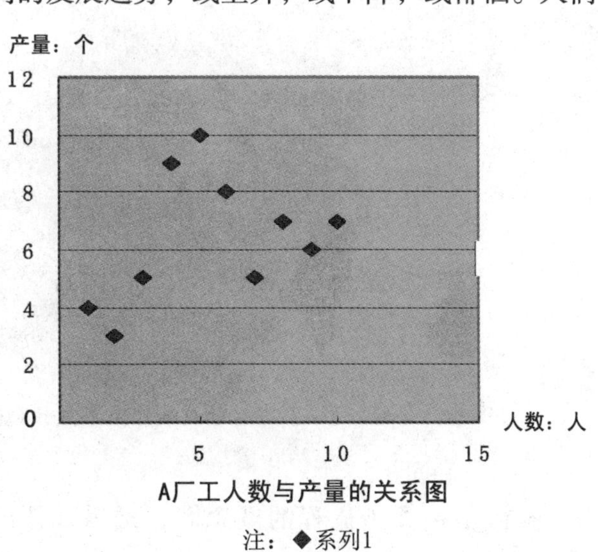

A厂工人数与产量的关系图

注：◆系列1

概念类图表

（1）组织架构。

组织架构是关于人物的概念图，通常用于表现一个组织的内部结构，它可以清楚地表明组织内部的管理层次以及层与层之间的关系。比如：

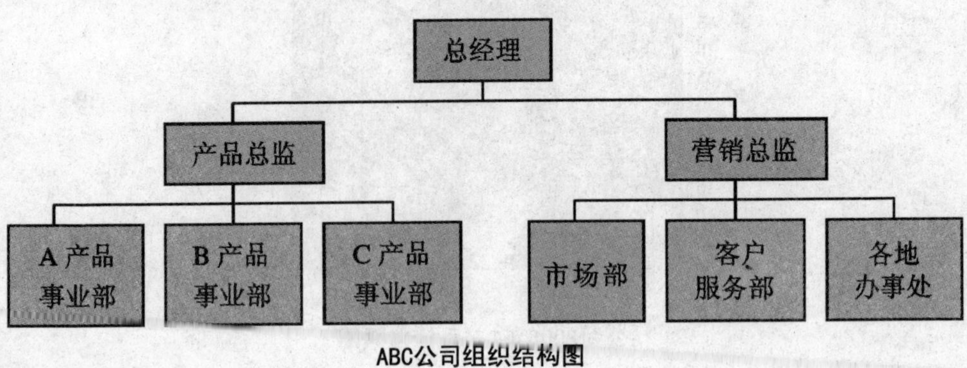

ABC公司组织结构图

（2）地图。

地图是关于地点的概念图，通常用于表现某个事物的地理分布。比如：

ABC公司国外办事处分布图

（3）流程图。

流程图是关于流程的概念图，通常用于表现某个事物进行的流程顺序。比如：

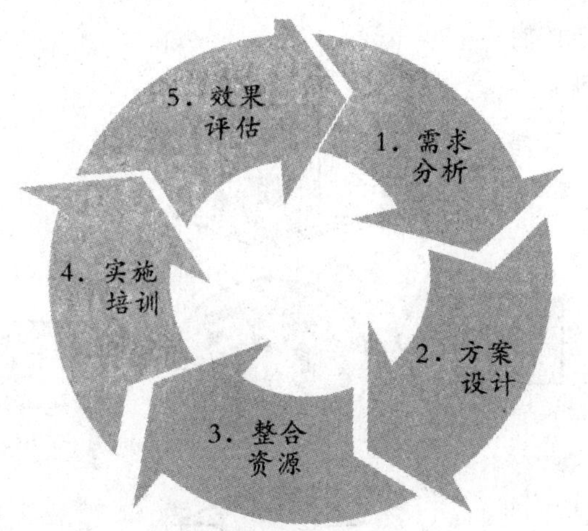

企业培训组织流程图

（4）矩阵图。

矩阵图也是关于方式的概念图，通常用于表现由两个因素的不同组合而形成的不同事物的特征，以及应采取的对待方式等等。比如：

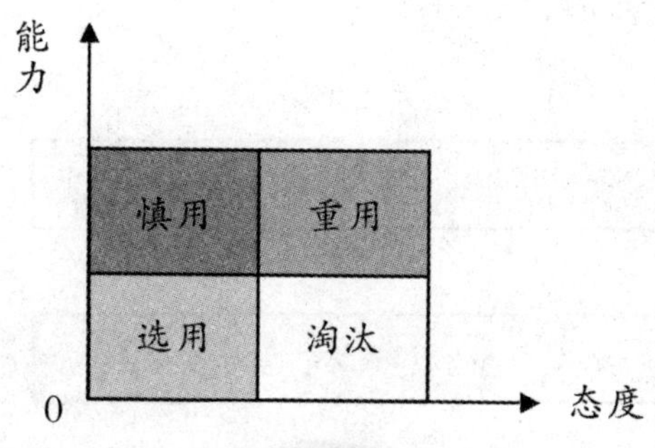

杰克·韦尔奇的造才标准图

（5）概念图。

概念图也是关于方式的一种概念图表。可以表现出一个概念的影响因素、内涵、外延等等（如下图）。比如：

一个好员工意味着：

有好的工作态度；

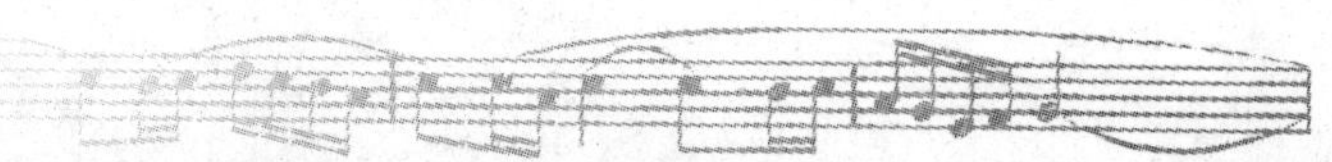

有好的工作技能；
有强的学习能力；
有强的团队精神。

态度
技能
好员工
学习能力
团队精神

好员工要求图

◆ **数据类图表的制作**

如何将数据一步步地转化为图表呢？一般而言，制作以数据为基础的图表有三个步骤，如图：

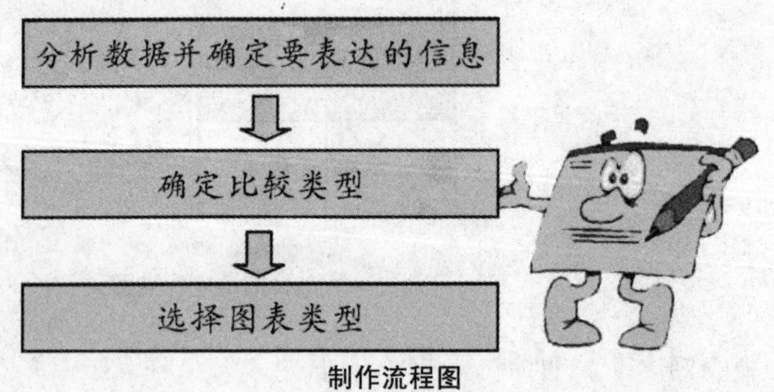

制作流程图

第一步：分析数据并确定要表达的信息。

如果要将以下信息做成数据型图表，首先，你能够确定它所要表达的信息吗？

提供信息材料：1998~2004年集团分公司个数：

1998年	2
1999年	4
2000年	7
2001年	12
2002年	18
2003年	20
2004年	22

从以上数据我们可以得到的信息是：集团分公司数在1998～2004年间增长迅猛。

第二步：确定比较类型。

在数据比较当中，有5种基本的比较类型：

（1）成分比较。也就是比较各个部分在整体中所占百分比的大小。

比如：在2004年，ABC公司的员工学历构成当中本科生占最大份额。

（2）排序比较：就是不同元素的排序，看某某元素是高于、低于还是并列与其他元素。

比如：在2004年，ABC公司的员工学历构成中本科生超过硕士生和专科生。

（3）时间序列比较。这是指一定时间内的变化（上升、下降或保持稳定）。

比如：在2002～2004年间的3年内，ABC公司的员工学历构成有了很大的上升。

（4）频率分布比较。这是指在渐进序列中的数量分布。

比如：在2004年，ABC公司员工的学历基本上分布在本科和硕士两个层次。

（5）关联性比较。这是指两种可变因素之间的关系。

比如：2004年的ABC公司员工学历构成显示学历与业绩之间有着紧密的联系。

通过确定比较类型，我们可以来个对号入座，选择合适的图表类型。

第三步：选择图表类型。

常用的图表有柱状图、折线图、饼图、条状图等。每种图表都有其十分适合的表达内容，例如饼图可以用来表达其不同区域销售数量的比例关系；折线图可以用来表达企业利润的增长趋势或成本的降低趋势。各种图表还有多种变化，如：分层柱状图，线形时标图，线形趋势图，饼状发散图，区域块状图，不胜枚举。不同的图表表达不同的比较有不同的优势，要通过不同的图表表达特定的比较。

上一节我们介绍过饼状图、条形图、线形图、柱形图和散点图。根据他们的特性我们可以得出结论：

饼状图：成分比较；

条形图：排序比较、关联性比较；

柱形图：时间序列比较、频率分布比较；

线形图：序列比较、频率分布；

散点图：关联性比较。

这样，在它们之间作出最优的选择。

第四步：做好图表格式。

一个好的数据类型图表应遵循一定标准的格式，具体需要做到：

（1）信息标题的陈述能够体现对所列数据的理解。如，全年公司销售人员的业绩因为实行了新的销售管理政策而比前年增长了1倍。

（2）图表标题能够介绍图表的主题。如，2004年销售状况。

（3）脚注能对图表中某一元素进行评述。如，2003年3月“非典”时期DM广告无法投放。

（4）资料来源能赋予数据可信度。如，资料来源：公司市场部统计室。

◆ 概念类图表的制作

概念类图表的制作，首先也是对信息进行分析，找出信息之间的联系到底属于哪种类型，是表现某个组织的内部架构；还是表现地点，时间；或是表现一个流程；一个概念；一个组合？然后再用不同的图形、文本

框、箭头、流程图等等的组合来表达这种关系与结构。

例：根据以下信息绘制概念图表。

企业战略管理三阶段及其内外部影响力的关系：

企业战略管理分为三个阶段：战略形成、战略实施、战略评价。

企业社会责任、战略决策者直觉与偏好和员工精神面貌都能够影响战略管理的各个阶段。

战略实施能对战略形成作出反馈，战略评价能对战略实施和战略形成作出反馈。

企业运行环境决定了战略管理过程。

以下为参考图：

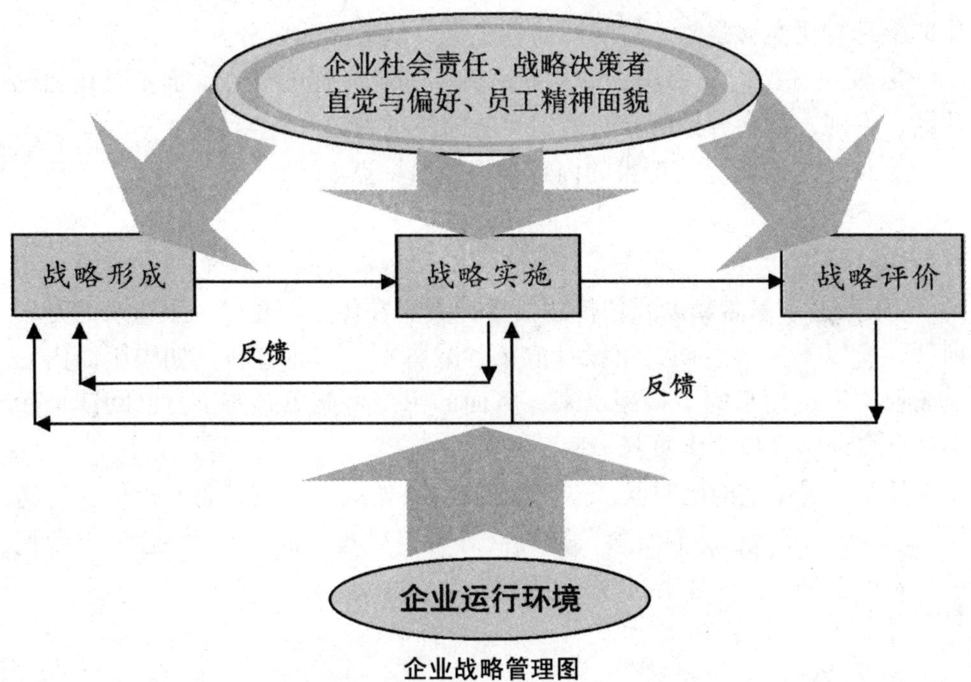

企业战略管理图

版面·内容

在演示中，我们会发现，对视觉工具进行设计能让信息更为通俗易

懂，也能更清晰的表达抽象的内容。因此，版面设计对于一个好的培训演示来说也是非常重要的。

演示最主要的目的是传达信息，所有的内容都应该辅助信息传达，与此目标无关的，都不应该在版面中出现。在版面设计上，一是要做到内容合理安排；二是要保持版面的清新简洁；三是要以最美观的版面传达最多的信息。

演示版面设计的原则是KISS。其准备内容和写文章是一样的，定好题目后，先列出大纲，将重要的观念和关键词通过某种关联性建立架构，接下来再加上创意，以数据、图表、录像、动画等视觉工具来辅助说明。

在版面设计的过程中，重要的注意点有：

① 保持所有的视觉工具简明、整齐，版面设计要协调一致。

② 用醒目的颜色。因为轻微的色彩差别不会吸引大量的听众。如果使用的颜色对比不够强烈，饼状图的各个部分就会无法区分。

③ 使用录像时，要用长的片断来阐明和补充你的观点，而不是用短的片断。否则，就会分散听众对演示实质的注意力。

④ 使用卡通画，使严肃的内容显得轻松一点。

◆ 文字

版面文字只是辅助我们传达信息，真正在传达信息、说服听众的是培训师，所以不要将版面文字设计成小抄或脚本，照本宣科。如果版面内容是满篇文字，信息完全揭露出来，下面的听众可能更趋向于自己阅读，而不是听培训师在口头上重复一遍。

所以，制作版面的时候，需要掌握5~9（7±2）原则，每张幻灯片传达5个概念效果最好，7个概念人脑恰恰好可以处理，超过9个概念负担太重了，要重新进行文字内容的组织。

◆ 标题

标题是每个版面的主轴和重点，需要简洁有力地传达思想，所以标题最好是以5～9个字来说明。如果字再多的话，往往就不能在一行里面安排下来，就算字挤进去了，也不能够给观众以视觉上的美感。

因为标题只能取5～9个字，所以冗赘之字就没有必要出现，例如："图形"（如果功夫到家的话，听众自然能够看得出来这是一个图）、"百分比分析"（在表中完全可以看出来）。

其实每张幻灯片的版面就是大小标题的组合，也就是概念的串联，除非是要引述一段文字，或是名言，否则是不会出现超过两三行的文字的，就算是要引用一段文字，或者是名言，也应该帮观众掌握信息，以不同颜色或是画线标示重点。

◆ 标点符号

既然每张幻灯片的版面就是大小标题的组合，那么就不需要出现标点符号，尤其是冒号和句点，更是可以直接省略。

版面上的信息都已经分类串联好了，也都以项目符号、字型字体等加以分段组织，所以大部分的标点符号都是多余的。

至于括号，也尽量少用，特别是在标题上加括号就好像在大庭广众咬耳朵一样。如果在大标题中真的觉得有加括号的必要，那就把它放到次层标题中，这样可以让标题显得简洁有力。

◆ 英文缩写

一般来说，用英文缩写字可以让版面内容更精简，更专业。但是，缩写的效果只有对非常熟悉主题的人才有用，否则就会使人觉得我们在故弄玄虚。所以除非非常确定听众可以接受这样的缩写，否则还是将全文拼出为佳。

◆ 数字

数字会说话，所以善用数字来支持我们的观点或是论证，效果会更好。实际上，统计数字也是常常出现在版面中的信息。

在引用统计数字时，宜以精确数字呈现，但在口述时，不要太拘泥于精确数字，而应使用近似值，因为近似值容易记忆容易联想，只有在特殊目的的时候，才需要使用精确数字。

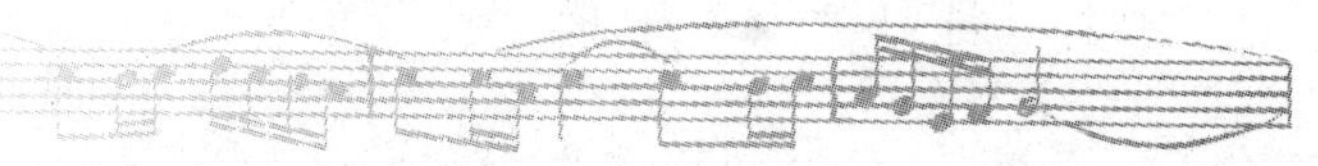

◆ **图表**

表胜于文，图胜于表，图表自己就能说故事。图表加上标题，再加上简单的文字解释图表内容，但是不要太详细。诠释这样的智能工作，要让睿智的演示培训者来发挥。如果怕临场发挥的时候紧张遗漏了重要的信息，那么把要讲的内容打在备忘稿中吧。

◆ **动画**

我们经常利用饼状图、柱形图等来呈现统计数字，此时我们也可以多点创意，以动画来呈现市场占有率，或业绩的成长，那样会更令人印象深刻。

◆ **信息来源**

注明信息、资料来源有两个用处：一是表示我们所引用信息的权威性；二是彰显我们的专业性。

我们要在版面中可以建立自己的风格，将信息来源固定安排在版面的固定地方，如此一来，我们演示的时候不用再花宝贵的时间去交代信息来源，听众就会自己在版面的适当位置取得所需信息。

版面中的信息来源也应该采用标准书目格式。来自书籍资料的可以用以下格式：书名，作者名，出版社；来自杂志的格式可以是：杂志名，作者名，年月日期号；来自报纸的格式可以是：报纸名，作者名，年月日期号、版号。

在版面位置上，信息来源通常放在每个版面的最下方。

距离·屏幕·字号

如果内容做的很出色，却无法让人辨认清楚，这样的演示还有意义吗？演示的形象化很重要，演示的易于辨认同样也很重要。

有人也许会考虑到：“难道让我在做演示文稿的时候一边投影一边写，还要每隔一分钟到十几米远之外的距离看看坐在那里的人能否辨认得清楚吗？”请别误会，不是这样的。

可以这么说，如果字太大，没有人会抱怨；然而如果字太小，抱怨声就会不绝于耳。

因此，总的原则是，字体要大，使版面看上去舒服。具体来说，行数要少，但是要得体、安排合理，可以按照以下字号标准来安排：

大标题用44点以上字，加粗

● 第一级项目标题用32点字，加粗。很清楚。

■ 第二级项目标题用28点字，加粗。也很清楚。

◆ 第三级项目标题用24点字，加粗。还算清楚。

→第四级项目标题用20点字，加粗。再小就看不到了。

另外还有3点注意：

① 大标题至少要用44点以上的字，如果会场很大、很深的话，点数最好再提高。

② 所有的大标题、项目标题尽量都用粗体，因为在计算机屏幕上看得清楚不等于投影出来后观众看得清楚。

③ 除非是自己带着笔记本电脑，否则不要选用宋体、黑体和楷体等几个常用字体以外的字体设计，因为会场的计算机可能没有安装相应的字体来支持。

恰当的底稿设计

为了使演示更加谨密，防止出现大的纰漏。我们需要设计和准备一份底稿。一篇恰当的底稿是如何设计并制订出来的呢？我们需要借助以下的四个步骤来完成。它对于任何优秀出色的演示都是必不可少的坚实基础。

◆ **早起的鸟儿有虫吃**

一旦知道自己将要就一个主题做一次演示的时候，演示者就要开始投入工作了。俗话说得好，“早起的鸟儿有虫吃”，对于那些刚出道的演示者来说，因为没有积累下的经验和资料，尤其要如此。相信，每一个成功的演示者都不会是在一朝半夕之间成长起来的，而是要不断地发展成熟。通常，准备时间和演示时间关系的近似比值公式为10：1。同时这个比值关系只是在以下前提下适用：演示者是所要演示的主题领域的专业人士；演示者有畅通的渠道获取演示所需的资料。

◆ **信息搜集**

收集的信息越多，演示构思越容易。因此需要大量收集合适的材料和信息。历史典故，新闻轶事等等，只要与主题有关，就可能会派上大用场。另外，无论是什么时候，你或周边的人突然产生了新的想法，你认为对拓展演示主题的思路有帮助，那就一定要把它记录下来，写下来。你大约也有同感，我们在平时生活中，由于疏于纪录，许许多多好的主意因为当时没有及时以书面形式保存而流失了，事后就再也想不起来。有一些是极其有用的灵感失掉了，往往会备感可惜。

◆ **资料挑选与整合**

搜集到足够信息和内容后，要将这些材料按优先顺序挑选并分类整理。然后用三色文件夹的方法保管总结如下：

三色文件夹资料分类管理法

三色文件夹资料分类管理法是用红色、蓝色和绿色的文件夹分别管理资料的方法。

在红色的夹子中搜集的是最重要的信息，专门针对主题专业领域的中心材料。

在蓝色的夹子中放的是补充材料，也就是次要点，像统计表、数据或其他类似的材料。

绿色文件夹的是填充材料，用它可以装饰美化您的演示：推荐介绍、引文名句、插曲和例子。

除了优先顺序排列以外，通过结构化的方式，可以使收集到的材料进一步深入地相互渗透，演示内容和演示架构会更加具有可信度。

◆ 章节划分

有了整理好的材料，如何进行底稿的结构安排和段落划分呢？首先我们要清楚演示主体构成部分如何进行合理的比例分配。如果不了解这一点，整个演示可能就会变成头大腰细腿粗的畸形儿，让人感觉特别不好。

以下是每一个章节内容及长度的比例构成：

章节内容构成表

	理论	现实意义
导言	20%	30%~35%
主体	60%	大于60%
结尾	20%	5%~10%

当论及一个人们不太熟悉的或很难理解的主题时，导言要比通常情况下长一些，对此毫无所知的听众希望最后能被带领进入到那个主题领域中去。主体部分通过定义占据了最大的篇幅空间。在任何情况下都占了整个演示的50%以上。结尾相对来说安排得较短：呼吁不应该是可以任意延长的，而是应该简明而准确地表达。

◆ 结构编排

如何安排底稿的结构？如何设计底稿的编排？也许你会说这些都是花拳秀腿、绣花枕头的玩意儿，其实，我们需要改变这个看法。现在流行一个观念：细节决定成败。一个非常人性化的、每处细节都经过精心推敲、考虑得非常周全的底稿，就像是一个贴心的小棉袄，在你演示的过程当中，会让你感觉到特别的方便和舒服。以下是一些非常细节也非常有用的小技巧，它们被许多成功的演示者所运用：

标明当前主题

在每一页的上方都写上演示的当前主题。不管您可能在什么时候、什么地方，一下没了思路，纸的上方总有演示的当前主题，让培训演示者可以轻松的唤回思路。

标明页码

在每一页纸的右上方都标清楚当前页码和总页码如：3~16、4~16……这样做之后，演示者就总能确切地知道演示已经到哪里了，已经进行了多少，以及接下来要如何把握进度。

底稿划分

底稿划分为五栏：导言、主要点、次要点、例子和时间。

写下开头

逐字逐句地写下演示开头最开始的3~5个句子。万事开头难，这样做等于是为开场系好了安全带。头开好了，慢慢进入状态，以下的演示就顺利多了。

主要点——红色

主要点是引自红色的文件夹。在第一栏中写提示语时也用红色的笔，这样提示语可以优于右边栏中的次要点和例子，显得更加突出。

次要点——蓝色

从蓝色文件夹中摘出次要点，也用蓝色笔将提示语写在第二栏中，以便提示语可以优于右边栏中的例子突出出来。

例子——绿色

从绿色文件夹里抽出例子。您最好也用绿色的笔写出关于这些例子的提示语。

时间标示

以秒为单位（较长的演说以分钟为单位）写出每一段演说或某一行动所需要的时间。然后在每一页上算出总时间，把这个时间抄写在上方顺序页码处。这样在演示时间的计算和把握上也可以一目了然。

标明道具

记录并做标记：在什么时候、如何运用哪些视觉和声响的辅助工具。

标明演示方法

创造一套标记符号，用于提醒想要加入的演示方法。这些演示方法指的是停顿、重复、名称、大声或小声等等。

写下结尾

写出演示结束的最后几句话。这样做是为了便于与开始时一样更有把握，如果需要的话，演示者还可以照念这一段结束语。如果要让演示符合事先计划的时间长短，甚至或许要精确到秒时，那么结束语的时间就特别重要。对此演示者应该在“时间”栏里写出结尾所要占用的准确时间。

保持笔迹清晰

任何时候都不要用铅笔书写。铅笔是最差的书写工具，因为痕迹不牢固，也许稍微遇到一点擦拭笔迹就会消失，这是非常糟糕的事情；其次就是圆珠笔，它的笔迹容易造成污迹。

用黄色纸

用黄色纸而不是白色的纸来写底稿。电视新闻播音员用的就是黄色纸的底稿。因为白纸的反光性太强，看起来会很模糊，甚至会让演示者几乎就像瞎子一样，根本不能正确地辨认纸上的文字。

字距合适

底稿上字的大小要合适。要让写在底稿上的提示语和说明文字在与底稿有一定间距时，也能够很好地准确辨认清楚。

单面打印

底稿写在单面上。一篇好的底稿总是写在每张纸的单面上，因为这样的话在换到下一页时只需要一页页地推移，而不必翻转纸张。

第一部分 演示

第四章 制作PPT演示稿

优秀的PPT在演讲中的重要性毋庸置疑。优秀的PPT演示稿，有很多细致入微的讲究，通过系统的学习，我们可以掌握制作演示稿的基本能力，应对演示过程中的各种难题，知悉制作过程中所要遵循的原则性问题，所需注意的细节，考虑到接受的效果，最终让听众能循序渐进的接受，留下深刻的印象，使培训获得事半功倍的良好效果。

掌握说服的力量

实践和科学都证明，刺激我们的眼睛即视觉所引起的注意力，要比刺激耳朵即听觉所引起的注意力强20倍左右。这也就是说，事物被眼睛看见，比耳朵听到，给人们的印象要清楚深刻，当然记忆的时间也长。

一幅美丽而逼真的画，就是无声的语言，再加上解说，如同挂图教学一样，听众就容易从形象中注意，从形象思维过渡到抽象思维。图表虽比不上图画那样更易使人深信，但却可使我们的演示意图一目了然。

表达思想意图，最理想的办法，是连续地图文并茂，画语相配，那就更能生动活泼而不呆滞了。这就是电影艺术为什么能够受到广大群众欢迎的道理。我们作演示，即使配上图或画，也比不上电影艺术，但总比空口而言要引人注意，印象深刻而使人感到兴趣。所以，如果加上图表、图画或声音能够更加形象而明白地表达你的思想的话，就应尽力而为之。

演示的目的看似简单，即“说服听众接受你的观点并采取行动”。要达到说服的目的，首先要抓住观众的注意力，接着要帮助他们清楚了解你的讯息，然后引导他们同意你的观点，最后要保持这些信息直到产生你想要的结果。做为一个高科技演示文稿人，你必须熟练说服的艺术并适当的应用新科技。

科技的进步给予了我们无数的便利，演示文稿的模式也慢慢改变中，传统老旧的制作方式也面临了淘汰的命运，早期常用的幻灯片及投影片（胶片），因公司数字化的快速来临，也慢慢被PowerPoint等电子演示文稿给取代，借助计算机强大的多媒体制作功能，计算机演示文稿已完全抛弃了旧式的模式，以更多样化的影音效果来增加演示文稿的吸引力，所以计算机演示文稿方式已是演示文稿者必须具备的一项技能了。

在以下的各节内容里面，我们将在上一章“魅力内容设计”阐述的基础之上，更详细而具体地就有效制作PowerPoint演示文稿的原则、步骤和技巧等加以介绍。我们相信，无论是对于新的培训演示者还是正在进修提高中的培训演示者来说，这些原则、步骤和技巧等都将具有极强的实用性。

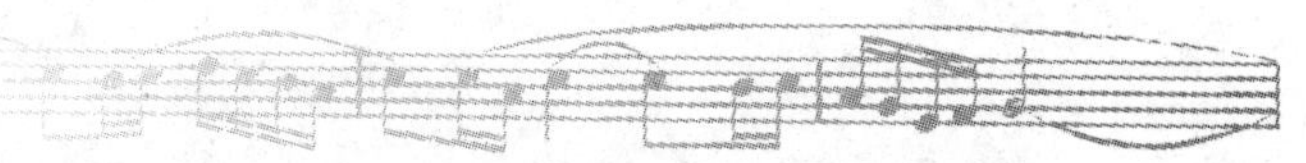

幻灯片制作的标准与原则

要创作好的幻灯片，不论是在前景和背景的衬托、文字格式和段落编排上，还是在图片的选取、颜色的搭配上都需要有一定的耐心，这是对我们审美能力和想象力的一个锻炼。

◆ 幻灯片制作的标准

演示文稿制作的标准可以按照以下几点执行：

（1）每一张幻灯片上的文字内容不要超过10～12行。

（2）使用子弹式强调方法。

（3）让每条信息都表达明晰清楚。

（4）每一行的内容不要超过5～9个字（词）。

（5）用多种颜色表现复杂的视觉内容。

（6）让内容之间产生关联。

（7）将照片处理到文稿上。

（8）在图表中加上明确的数字。

（9）在专栏中罗列一些表格。

（10）保持内容简单明了。

（11）保证内容准确无误（应核对两次以上）。

（12）幻灯片最好加注页数，以免弄混。

◆ 幻灯片制作总体原则

在幻灯片的制作过程中，一般遵循以下原则：

实用性

演示文稿的内容是演示的最重要最基础的部分，任何其他的装饰和美化都是建立在内容的实用性上面的。如果内容缺乏实用性，也就是说对听众没有任何的现实指导意义，那么其他的一切，无论设计制作得多么华丽和有水准，都已经变得毫无意义了。因此，首先要求幻灯片的制作要主题

鲜明，论点准确，观点新颖，思路清晰，详略得当。

生动性

在内容的实用性上面满足要求之后，幻灯片的制作要讲求生动性。唯有生动的东西才能够让人觉得有趣味，有兴趣听。因此我们要善于利用PowerPoint的特点，将文稿做得生动，必要的地方用动画或图形来论证观点。

美观性

在满足以上条件的基础上，想要使文稿水平再上一个台阶，就要在美观性上下工夫，让人看了演示文稿后，有赏心悦目的感觉。

要提高幻灯片的美观性，在幻灯片中加些好的图片是十分必要的。这就要求制作者不要局限于现成的图片和PowerPoint本身所提供的绘图功能，充分发挥想象力，并借助于一些专业绘图软件，如Photoshop、CorelDraw等，处理出漂亮的图片，然后将其作为幻灯片的背景，并且所加入的图形要与内容相关，既能起到美观的作用，又能起到突出主题的作用。但是要特别注意，不要让背景图片喧宾夺主，而淡化了主题内容的地位。

◆ 幻灯片配色原则

颜色可以作为信息表达的有效工具，可以表达信息并增强文稿的效果。幻灯片中所选择的颜色及其使用方式可以有效地感染观众的情绪，从而确保演示活动的成功。但是，过多过杂的颜色又是幻灯片制作中的大忌，它会分散听众的注意力，使他们将过多的注意力集中在表面的花里胡哨的东西上面，而忽略了演示本身的实质性思想内容。从总体来说，幻灯片的配色方案既要美观协调，又要体现特色，还要简洁和具有展示问题的实用性。

颜色组合

针对听众选择颜色，关键是要在专业性和趣味性之间作出平衡。在颜色组合上面，我们可以使用PowerPoint软件程序中定义的具有良好颜色组合的颜色方案来设置演示文稿的格式。除此之外，有一些颜色组合具有高对比度，是便于阅读的，例如下列背景色和文字颜色的组合就很合适：紫色背景绿色文字、黑色背景白色文字、黄色背景紫红色文字，以及红色背景

蓝绿色文字。同时，为了达到版面颜色上的协调，在演示文稿中使用图片时，要尝试选择图片中的一种或多种颜色用于文字颜色，这样的颜色结合将起到关联幻灯片中元素的作用，使幻灯片产生协调的效果。另外，因为通过幻灯片投射的颜色组合可能产生不同的效果，所以在可能的情况下应在幻灯机上测试演示文稿，以便确认颜色组合是否满足需要，并在进行演示前进行必要的调整。

背景色

背景可以同时考虑使用背景色和纹理，具有恰当纹理的淡色背景比纯色背景具有更好的效果。如果使用多种背景色的话，最好能够使用近似色，这样的颜色搭配不会太突兀，而显得比较柔和。构成近似色的颜色设置过渡效果更具有动感的味道。最后，在选择背景色的基础上，一并选择其他三种文字颜色，多次调试搭配好，方能获得最强的效果。

颜色效果

首先要注意，不要使用过多的颜色，因为那样会使观众眼花缭乱。

相似的颜色可能产生不同的作用，颜色的细微差别可能使信息内容的格调和感觉发生变化。因此，使用某种颜色的依据必须是这种颜色可以表明信息内容间的关系，表达特定的信息或进行强调。如果所选的颜色无法明确表示信息内容，那么就要考虑选择其他颜色。

具有不同颜色的相同信息可能表达不同的含义。例如，使用红色和橙色的文字显著增强单词“Hot”的含义。相反，如果使用蓝色文字，则该单词的含义就会被弱化。

◆ 幻灯片制作步骤

幻灯片是演示文稿的组成因素，演示文稿由数目不等的幻灯片组成。因此，要制作好一个演示文稿，首先要掌握设计一张出色的幻灯片的技巧。一张幻灯片包含什么元素？无非是背景颜色、标题、正文、图片、声音、动态效果等。制作一个演示文稿，大概就是从建立一个空的演示文稿开始，建立一张一张空的幻灯片，然后一步步地往这些幻灯片中加进各种元素。下面我们就按照先后的顺序将制作演示文稿的步骤演示一下。

建立一个空演示文稿

首先，从“开始”菜单中的“程序”选择运行“PowerPoint”。最先出来一个“新建演示文稿”的界面。我们选择“空演示文稿”，于是可以看到一个版式选择的对话框“请选取自动版式”。在给出的选择项目中，有只含标题和副标题的版式，也有含标题和正文的版式。更有含标题和图片的版式等等，二三十种之多。在制作演示文稿中的某一张幻灯片之前，我们通常要对这张幻灯片的组成元素（是单纯的标题文字，还是有标题有正文的文字，或者有图片、图表等等）有一个概念，一个笼统的部署图。这张部署图就可以决定我们如何选择版式。

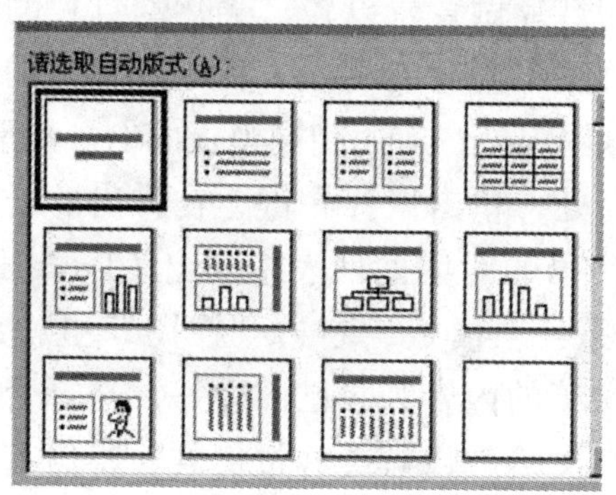

图示1

选择好版式之后，“确定”。我们可以看到一张有提示有框架的幻灯片制作界面。它会提醒我们“单击此处添加标题”、“单击此处添加副标题”等等。按照这些提示，我们可以在相应的位置填写上相应的内容，当然，我们也可以拉动这些文本框或者图片框，移动它们到我们希望它们到的位置上去。

培训演示

——如何制作PPT幻灯片

图示2

一张演示幻灯片做成了，如果要继续做很多张，从菜单栏上的“插入”中选择“新幻灯片”或者直接按“Ctrl+M”，就可以随心所欲地一直做下去！

◆ 设置幻灯片的背景

新建的演示文稿，仅仅按照版式添加了文字和图片的幻灯片是白底黑字，太朴素了点，既不好看也不醒目，我们要给他们铺点底，配点色，做一下背景设置。幻灯片背景设置通常有4种方法：

1. 套用幻灯片模板

套用模板是给幻灯片做背景设置、美化幻灯片的最简便的方法。通俗地说，利用模板可以使幻灯片有背景，使幻灯片上的字都有颜色，内容都能排列得很整齐。除内容外，应用相同模板的幻灯片形式是完全一样的。

在幻灯片的空白处，单击鼠标右键，在弹出的子菜单中选择“应用设计模板”命令，在弹出的对话框列表中列出了PowerPoint本身给出的几十种模板，我们选中哪一个模板，右边“视图”里就出现了这个模板的模样。这时可以根据文稿的内容和自己的爱好，选择合适的模板样式，然后单击“应用”按钮。文稿就像被美容过似的，不但有了漂亮的背景，文字的字体和颜色都变了，整张幻灯片看起来很协调。比如我们选择“Rmhons.pot”可以得到如下的效果：

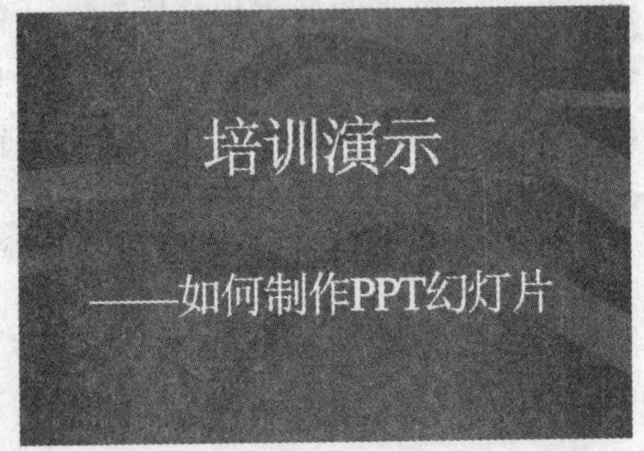

图示1

2. 应用幻灯片母版

在PowerPoint中有三个常用的母版，它们是幻灯片母版、讲义母版及备

注母版，可用来制作统一标志和背景的内容，设置标题和主要文字的。格式，包括文本的字体、字号、颜色和阴影等特殊效果，也就是说母版是为所有幻灯片设置默认版式和格式。简单地说，修改母版就是在创建新的模板。如果我们不愿意套用系统提供的现成的模板，就自己设计制作一个模板，以创建与众不同的演示文稿。

模板是通过对母版的编辑和修饰来制作的。如果需要某些文本或图形在每张幻灯片上都出现，比如公司的徽标和名称，就可以将它们放在母版中，只需编辑一次就行了。

如何来操作呢？单击"视图"菜单上的"母版"子菜单，选择"幻灯片母版"命令，打开幻灯片母版。然后加入徽标，单击"插入"菜单，选择"图片"下的"来自文件"命令，出现了"插入图片"对话框，选择图片，单击"插入"按钮。这时，图片出现在幻灯片母版的中央。我们调整一下图片位置和大小。需要注意的是图片的颜色，因为在母版上插入的除文本框外的对象都会在一组幻灯片上出现，这些对象都被看作背景，如果颜色太浓，可能会与前景中的对象出现冲突。

如果需要在母版中添加文字，可以通过"插入"菜单中的"文本框"输入字样。在幻灯片母版中，还可以通过"视图"中的"页眉和页脚"来为每张幻灯片添加日期、时间、编号和页码等。

对母版对象设置完成"关闭"后，回到当前的幻灯片视图中，会发现每插入一张新的幻灯片，都有了同样的个性化背景，就像信纸上的装饰一样。比如上面那张幻灯片就可以运用母版设置重新得到如下的效果：

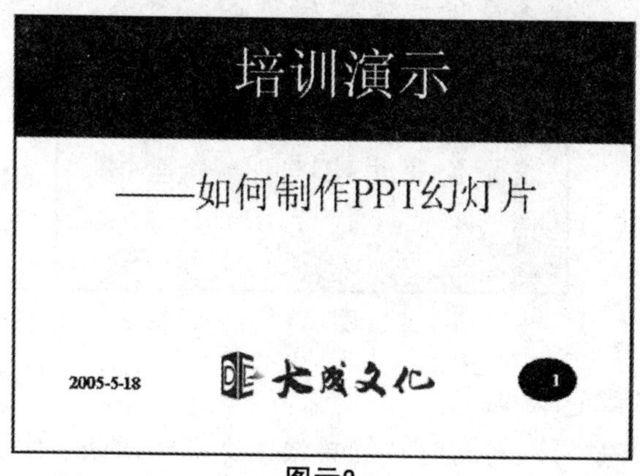

图示2

3. 运用“背景”设置

除了运用模板和母版之外，幻灯片的背景还可以通过直接单击右键或者从“格式”菜单中的“背景”命令，来直接进行设置。

打开“背景”对话框，单击“背景填充”下拉箭头，在弹出的菜单中列出一些带颜色的小方块，还有“其他颜色”和“填充效果”两个命令。如果选择一个带颜色的小方块■，单击“应用”按钮，幻灯片的背景就变成这种颜色的了。如果小方块中没有想要的颜色，还可以选择“其他颜色”命令，在弹出的“颜色”对话框中便可以随便选取想要的颜色。如果没有中意的，就选取“自定义颜色”，通过调整颜色的色相、饱和度和亮度，配制出自己想要的颜色。

我们还可以在背景上多填几个颜色，在“背景”对话框中，选择“填充效果”，在弹出的对话框中，可以任意选择自己喜欢的效果。如在“过渡”中不但可以选择“颜色”中的“单色”、“双色”和“预设”，系统还有很多“底纹式样”以及其“变形”可供选择；除了用颜色效果，还可选择系统提供的多种“纹理”、“图案”做背景；另外还可以通过“图片”中的“选择图片”将电脑中所存储的任何一张图片设置为幻灯片的背景底版。如下图的背景就是通过“填充效果”中的“过渡”、绿与白“双色”、“底纹式样”中的“辐射”、左下角往右上角的“变形”一连串设置后所得的效果：

图示3

4. 设置“配色方案”

使用配色方案可以对幻灯片的背景、文本和线条、阴影、标题文本、填充等进行一次性的颜色设置。那怎么设置呢？单击“格式”菜单或者右

击鼠标都可以找到“幻灯片配色方案”命令，打开“配色方案”对话框。如果在“标准”里面找不到合意的配色方案，还可以通“自定义”来进行设置。

◆ 添加（多媒体）图文元素

插入特殊字符

在幻灯片中添加文字，一般只要点击文本框输入文字就可以了。但是如果遇到键盘上没有的特殊字符，如何插入呢？方法是把光标定位在要插入特殊字符的位置，单击“插入”菜单，打开“符号”或“特殊符号”命令。

比如插入“×”（乘号）。可以在弹出的菜单中选择“符号”命令，出现对话框后，单击“字体”下拉列表框，里面显示了很多种字体，选择“symhol”字体，这是比较常用的字体，里面的符号很全。常见的B（黑体）、△、±、－等都可以在这里找到。选中“×”，单击“插入”，乘号就被插人到文稿中了。

插入的符号可以和其他文字一样，进行各种编辑处理。

插入图片和动画

在带画面的版式中，我们可以通过插入图片来增加幻灯片的视觉效果。图片能够传达语言难以描述的信息，有时需要长篇大论的问题，也许一幅图片就解决问题了。

如何添加剪贴画？在“双击此处添加剪贴画”的框中双击一下，就打开了“Microsoft剪辑图库”对话框。在“图片”选项卡中列出了许多类别的剪贴画，如“办公室”、“政府”、“植物”等等。选中一个类别，可以看到系统提供的此类别的生动有趣的剪贴画。把鼠标移动到一个剪贴画上面，文字说明就显示出来了。比如我们把鼠标移动到“办公室”类别中的第一个剪贴画，左上角便显示出“工作人员”的文字说明。然后我们单击右键，选择“插入”，便可以把这张剪贴画插入到幻灯片中相应的位置上了。插入的图片周围有几个小方块，这是图片的八个控制点，表示此时图片处于被选中状态，利用这些控制点可以放大和缩小图片。

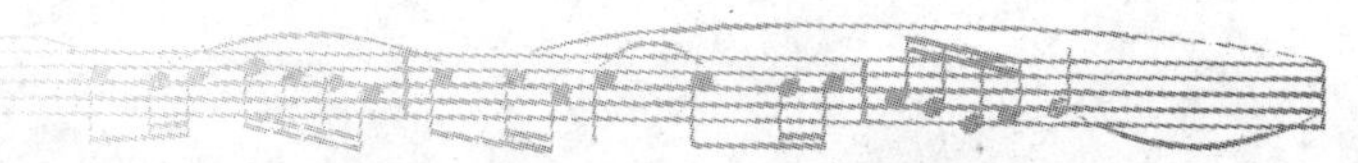

其他的图形同样也可以插入。单击“插入”菜单中的“图片”项，然后再选择“来自文件”命令，这时就可以选择自己画的或从别的地方下载、复制过来贮存在电脑中的图形和图片。

幻灯片中还能插入什么样的图片呢？除常见的BMP、WMF、JPG、TIF等格式外，还可以在幻灯片中插入GIF格式的动画图片。动画的插入跟图片的插入方法是一样的，如果动画是存贮在电脑里，就相继选择“插入”、“图片”、“来自文件”，再找到动画存贮的位置点中要选择的动画，选择“插入”便可以了。如下是插入图片的幻灯片效果：

图示4

创建并插入图表

再进行培训演示的时候，为了使内容更具有说服力，我们经常要引用大量的数据。通常情况下，数据的表现形式必须直观才能使听众能够轻松领会到我们所要传达的信息。因此，专业的培训师都知道该如何在幻灯片中插入数据图表，用图表来表达数值信息，利用图形使数值直观明了，美化数据，增加观众的兴趣。使用条形图、饼状图、面积图等类型表示数据，原来比较枯燥的数据就变得一目了然，大大增加了演示文稿的感染力。

如何在幻灯片中创建并插入图表？从“插入”中选择“插入图表”按钮。在“数据表”窗口的表格中对标题和数据进行修改，就可以对图表进行编辑。数据表的第一行和第一列是标题，直接就可以修改。在数据表的活动单元格中输入数据，原有的数据就被替代了。数据改

变后图也随着变化。如果想添加列或行，可以直接在空白的列或行中输入标题和数据。如果要删除列数据，可以用鼠标右键单击这一列的列标题栏，在打开的快捷菜单中选择“删除”命令。图表会随着数据的变化而变化。

柱形图是默认的图表类型，我们可以根据需要修改图表的类型。单击工具栏中的“其他按钮”，在弹出的菜单中单击“图表类型”下拉列表框，从列表中选择“折线图”。当前图表就变为折线图了。我们还可以详细地改变图表类型，选择菜单“图表”中的“图表类型”命令，在打开的“图表类型”对话框中选取图表类型，这时右面还会列出子图表类型如XY散点图、面积图、股价图等等。根据数据的特点，我们要选择最能够充分传递信息数据信息的图表。

值得一提的是，另外一个软件Excel的图表创建功能非常强大，我们也可以在Excel中创建好图表，然后再将它贴到PowerPoint演示文稿的幻灯片中来。

插入艺术字

艺术字是文字的特殊处理方式，适当地在幻灯片中运用艺术字可以起到突出重点、美化界面的效果。

如何插入艺术字？从“插入”中打开“图片”项，选取“艺术字”命令，打开“艺术字库”。里面列出了30种艺术字格式，有横着排的，也有竖着排的，对话框的最后一列就是竖排艺术字格式，双击其中的一种，开始“编辑艺术字”。在对话框中输入要做成艺术字的文字，“并设置文字的字体、字号等格式，“确定”，艺术字出现在窗口里了。

如果对效果不满意，我们可以继续编辑、修改，还可以把文字换一种颜色。单击“设置艺术字格式”按钮，和图片的格式设置一样，可以改变艺术字的颜色填充色和线条的颜色、粗细，还可以改变艺术字对象的大小和位置等。其实如果想改变它的大小，直接将它拉大就行了。我们还可以设置艺术字的对齐方式、自由旋转、字符间距等。

如图：

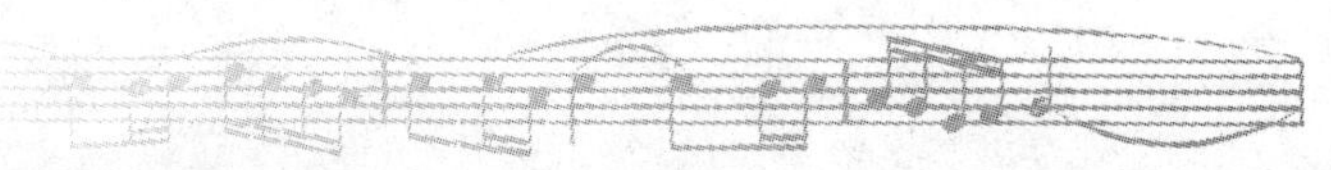

"艺术字"库

请选择一种"艺术字"式样(W):

确定 取消

图示5

插入组织结构图

组织结构图就是一个机构、企业或组织中人员结构的图形化表示，它是由一系列图框和连线组成，表示一个机构的等级、层次。只要有层次结构的对象都可以用组织结构图来描述。

画组织结构图有专门的工具，可以更简便地画出这种图形。从"插入"中的"图片"，选择"组织结构图"命令，这时出现的窗口就是专门来画组织结构图的。通过替换预设文字就可以完成组织结构图：选择标题文字，输入想要的标题；选择预设框，输入想要的内容，一个框里，可以输入四行文字，分别是"姓名"、"职称"和两个附注，如果没那么麻烦，只输入"姓名"就行了。另外还可以增加结构图，例如给"经理"再添一名部下，单击"部下"按钮，再单击"经理"图框，输入文字，就完成了；还可以利用另一个办法来实现，单击"同事"按钮，然后将光标移到一名下属所在图框上，单击鼠标左键，就给他增加了一名同事。

和其他元素一样，结构图的格式也可以更改，分别设置图框、线条的颜色、样式、宽度等。

绘制并插入图形

在幻灯片制作中，除了现成的剪贴化、图片、图表之外，我们还经常

需要自己创建和绘制一些个性化的图形。这些图形也许并不复杂，都由线条和基本图形组合而成，但要画好，同样需要掌握技巧。

要想绘制图形就要用到绘图工具栏。“绘图”工具栏通常在屏幕的左下角，工具栏上的命令很直观，用起来也很简单、方便。

如要画一条直线，单击“直线”按钮，把鼠标指针移到幻灯片窗口中，在直线起始位置按下鼠标左键并沿着某一方向拖动，就会有一根直线沿鼠标指针拖动的方向出现在屏幕上。当拖动到预订位置后，松开鼠标，直线就画出来了。如果对效果不太满意，想把它变长一点儿，可以把鼠标指针定位到直线的一个端点上，当指针变为双箭头时，按下鼠标左键并拖动这个点，这时直线的长度和方向都有变化。当达到预想效果时，释放鼠标，直线就改完了。

利用同样的操作方法可以画箭头、矩形和椭圆，比如想画一个椭圆，点一下“椭圆”按钮，再按下鼠标左键，拖动，椭圆就画出来了。如果想画圆要按下Shift键，再用同样方法画椭圆，出来的就是圆形。同样方法，可以利用矩形按钮画正方形。在画线时按Shift键，画线的角度都是15度的倍数。

在“绘图”工具栏中有线型、虚线线型和箭头样式3个按钮，单击它们都可以打开一个下拉列表框，从中选择线的粗细大小、虚线型式、箭头的方向和形状等，就可以改变图形的线型。要改变所画图形的样式，先要选中它们，再选择线的粗细，再选条实线或虚线的形状，线形就改变了。

移动图形有两种方法，一是把光标放在图形上，等它变成四向箭头时，直接用鼠标拖动；还有一种方法是先选中它，直接按方向箭头操作，要是想调得更细，就按住Ctrl键，然后再按方向箭头，这时可以细微地调整对象的位置。如果想更精确地调整对象的位置，可以先选中图形，然后单击鼠标右键，选中“设置自选图形格式”，在此对话框中便可以精确地设置图形的颜色和线条、尺寸、位置等。比如选中“尺寸”选项卡，更改图形的高度、宽度、旋转角度，“确定”，图形的尺寸就被精确地设置了。

除了基本的画图方式，我们还可以使用自由度更大的绘图方式——自选图形。单击“自选图形”按钮，可以看到里面有各种图形可供选择，如

果些还感觉到不够的话，可以打开“其他自选图形”命令，通过弹出的对话选择自己满意的图形。

插入影片和声音

为了使幻灯片更加活泼、生动，有时还需要插入影片和声音。单击“插入”菜单，选取“影片和声音”项，在子菜单中选取“文件中的声音”或“文件中的影片”命令。在“插入声音”对话框中找到声音文件保存的位置，选中，“确定”。同时在“是否需要在幻灯片放映时自动播放声音”中选择“是”。插入的声音在放映幻灯片时便会自动播放。

插入的声音可以是Office软件的剪辑库中提供的现成文件，也可以是用户自己创建的，比如Windows系统里WAV格式的声音，MID格式的声音文件、CD音乐和AVI格式的影片文件。我们还可以把自己的声音加到文稿里。

另外，有时候为了能更好的完成案例分析，我们需要运用到一些影片的内容。实际上插入一段电影和插入声音操作是非常相似的。单击“插入”菜单，选择“影片和声音”命令，在子菜单中选取“文件中的影片”命令，“插入影片”，然后按照插入声音那样的操作方法操作便可以了。

◆ 图文静态效果处理

PowerPoint具有功能齐全的绘画和图形功能，可以利用三维和阴影效果、纹理、图片或透明填充以及自选图形来修饰图形和文本。经过修饰的图形不仅能够使幻灯片更加美观，而且能够起到突出重点、强调论点的作用。

框体颜色填充

对于任何一个文本框或者是封闭图形，我们都可以在它的内部填充上颜色。这种颜色填充上的分别可以使整个幻灯片看起来脉络清晰、层次分明，以及重点突出。

单击“填充颜色”按钮旁的下拉框，从中选取颜色。然后在弹出的下拉框中选取“填充效果”项目，各种效果如“过渡”、“纹理”、“图案”等等，都可以填在选择的框体中。

不但框体里面可以填上任意效果，就是框线本身也可以改换颜色和线型。单击“线条颜色”按钮，便可改变图形的框线颜色。

我们可以从下面两图看到颜色填充和边框颜色、线条设置的效果。左同边框为红色2.25磅实线条、填充效果为图片填充；右图边框为黑色2.25磅虚线条、填充效果为黑红两色过渡纵向填充。

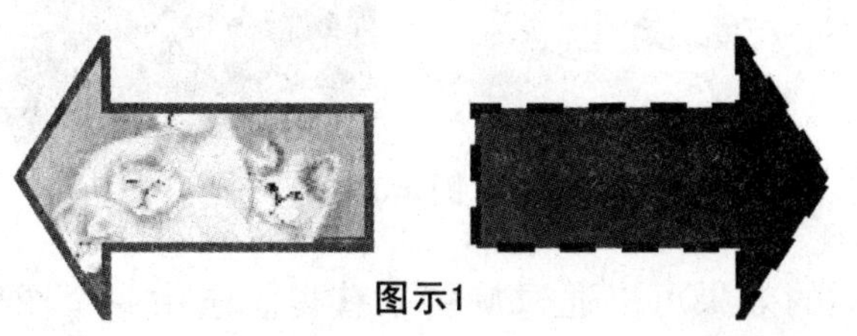

图示1

添加文本

在图形里还可以写文字。比如我们画两个箭头，然后在箭头上单击右键，选中“添加文本”，在箭头里分别表达“左走：天堂”、“右行：地狱”的意思（效果如下图）。给图形对象添加文本还有一个快捷的方法，保持图形处于选择状态，按一下F2，就可以输入文本了。如下图是添加文字后的效果。

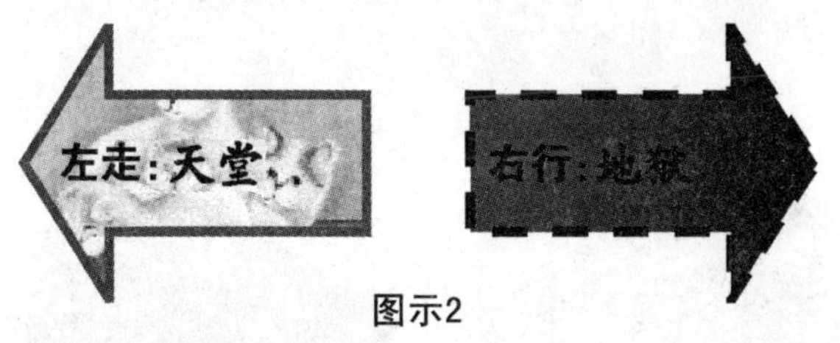

图示2

设置阴影和三维效果

设置阴影和三维效果可以使图形更加具有立体感，使整个幻灯片上的内容更加形象。选取一个图形，在“绘图”工具栏中单击“阴影”按钮，从中选取一种阴影形式，图形就带阴影了；单击“三维效果”按钮，选择一种三维效果，图形成为立体的了。

如要仔细设置阴影或三维效果，还可以选择“阴影设置”或“三维设置”。在“阴影设置”工具栏中，可以调整阴影的位置、透明程度、阴影颜色等；在“三维设置”工具栏中，可以调整三维的方向、表面效果、照亮效果、深度及三维的颜色等。下图中左图便是省略边框线颜色、选择阴影样式17所得的效果；右图是直接选择三维样式2所得的效果。

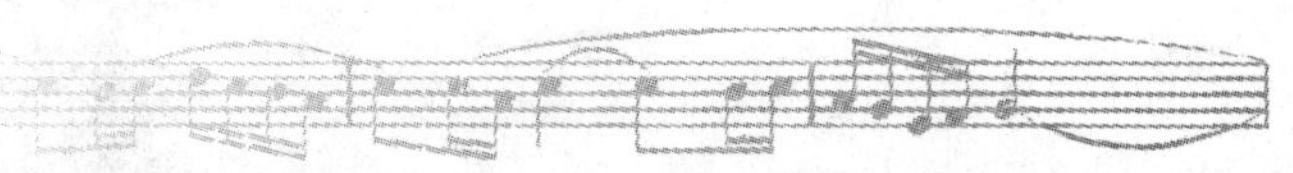

图形旋转

图示3

有许多图形的效果可以通过旋转来获得。选中一个图形，点“自由旋转”按钮，将光标移动到图形边上4个绿色控制点中的任意一个上面，拖动鼠标，就能以图形中心为基准任意旋转图形。如果按下Shift键同时拖动鼠标，就可以按每15度间隔旋转图形；如果按下Ctrl+Alt键同时拖动鼠标，就可以以图形左下角为基准旋转图形。如下图，左图是双击图形在“设置自选图形格式”中的“大小”“旋转”一栏设置“20”度所得的效果；右图是直接通过“自由旋转”拉动旋转了327度所得的效果。

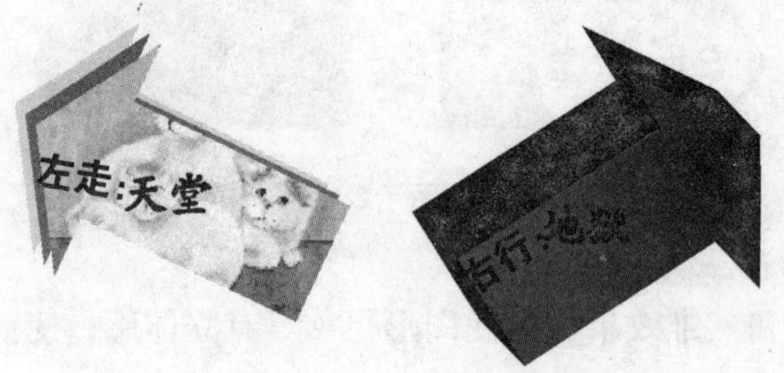

图形重叠与组合

当绘制了多个图形后，有时需要调整重叠图形重叠的上下关系，有时还需要选择几个图形组合为一体，以便整体地移动、复制等操作。

选中要进行调整的图形（一个笑脸，一个圆柱，一句话），右键选择“叠放次序”，再选择“置于顶层”或“置于底层”等命令，调整到满意效果。

如果要将图形组合成一体，选中它们，单击“绘图”，选择“组合”项中的“组合”命令，所选图形被组合成一个图形了。经过组合的几个图形可以作为一个整体被移动、改变大小等等。

如果要调整其中的某一个图，或是想要拆开已组合的图形，可以用鼠标右键单击该图形，选择“组合”项中的“取消组合”命令，图形就被拆开了。如果改了一个图形后，想再把这些图形组合起来，就不用再把它们全选上了，只需选中一个图形，单击右键，在“组合”项中选择“重新组合”命令就行了。

如下图左图是没有经过重叠和组合处理的几个图形；右图是经过重叠和组合处理的，效果明显不一样。

图形对比图

图片效果处理

如果我们对在幻灯片中插入的各种图片不满意，可以对其进行处理，比如缩放、裁剪图片、改变图片的亮度和对比度等等。单击插入的图片，“图形”工具栏就自动出现了，单击“裁剪”按钮，拖动图片四周的控制点，就可以剪切图片。这时图片并未真正被裁掉，如果用“裁剪”工具拖动控制点来再现被裁剪部分的图片，图片就又出来了。如果要突出图片，可以给图片加个边框，像镜框一样把它套起来，然后再加个阴影。如果想让图片与背景相融合，可以用“设置透明色”的方法，将图片的背景色变为透明的，但这只对位图起作用。

我们还可以对插入的剪贴画图片的颜色进行调整。选中剪贴画，点一下“图片重新着色”按钮，在对话框便可以将颜色按自己的想法随意修改。

通过“图像控制”的按钮，可以把图片变成“灰度”、“黑白”、“水印”等效果。把一张图片变成水印效果，可以得到一个很好的背景图案。

◆ **图文动态效果设置**

在幻灯片制作过程中，有时候为了表示一种事物运动的顺序和过程，为图文设置一些动态效果对充分体现演示观点是非常有效的；同时，在某一些图文内容的阐述中，有时候需要链接到其他的幻灯片或者文件上面去，以达到充分演示的效果；另外，图文显示、幻灯片放映等，如果加入一定的动态效果，可以使整个演示变得更加生动活泼一点。这一切，都与动态效果的设置有关。

动作设置

动作设置是对某一个或一些图文元素单击鼠标时或者鼠标划过时的动态效果设置。可以通过设置，在一定条件下（单击鼠标时或者鼠标划过时）使这个或者这些图文元素产生某些动作，如链接到下一张（或其他）幻灯片；运行一个指定的程序；播放声音等。

如何设置动作呢？选中文本（几个文字、一行或更多），单击鼠标右键，选择“动作设置”命令，在对话框中可以选择“单击鼠标”时的效果设置，也可以选择“鼠标划过”时的效果设置。

在这两种选择中我们可以设置一些动作，比如单击刚才选中的文本会发生什么事情，当鼠标从选中的文本上面经过会发生什么事情。如要设置单击鼠标将文本链接到下一张幻灯片，就可以在“单击鼠标”选项卡中选择“超级链接”项，然后在变实了的列表框中选择缺省选项“下一张幻灯片”；如果要链接到某一张幻灯片，可以在拉开的列表框，选取“幻灯片……”项，在“超级链接到幻灯片”对话框中，对照右面的幻灯片预览图，选取想要跳转到的幻灯片。

如果要添加声音，可以单击“播放声音”复选框，在下拉列表框中选择一种声音；如果对给定的声音不满意，就单击“其他声音”选项，打开“添加声音”对话框，选择一种声音。如再选择“鼠标移过”选项卡，单击“播放声音”复选框，在其下拉列表框中选择一种声音，点“确定”，字下的下划线

表示，如果我们的鼠标划过这个标题文字，我们就能链接播放这个声音了。

图形对象同样可以设置动作。比如我们在“动作设置”对话框中选择“超级链接”中的“其他文件”，然后选择一个Word文档。这时在幻灯片放映时，单击这个图形，就会启动Word程序，打开这篇文档。

超级链接

超级链接提供了很丰富的选项，以链接幻灯片、自定义放映等，还可以链接到最近打开过的文件、网页、电子邮件地址。

如何添加超级链接？选中要链接的对象，然后单击鼠标右键，选择“超级链接”命令，在“插入超级链接”对话框中选中第三项“新建文档”，可以链接到一个新建的文档中，文档可以有空儿再进行编辑。如果选中第四项“电子邮件地址”，就可以从列表框中选取最近用过的邮件地址，或是输入新地址。

在进行放映，当鼠标指针停在被链接的文字上时，就变成小手的形状，旁边出现我们刚才输入的提示文字。单击鼠标，系统就自动启动浏览器，并自动搜索到刚才指定的文档或站点上的网页。

图示如下：

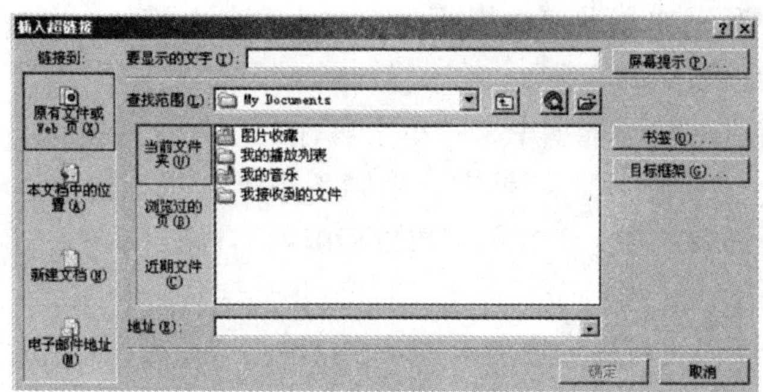

图示

自定义动画

“自定义动画”能使幻灯片上的文本、形状、声音、图像、图表和其他对象具有动画效果，这样就可以突出重点、控制信息的流程，并提高演示文稿的趣味性。

如何操作呢？首先，在幻灯片视图中，选中要添加动画的文本框或

者对象，然后单击右键选择“自定义动画”，在“自定义动画”对话框中处于打开状态的“效果”选项卡中单击“动画和声音”列表框的下拉箭头，在列表框中列出的几十种动画效果种进行选择。然后在随后出现的右边的列表框中再进行选择。比如我们在“动画和声音” 列中选“展开”，在其右边的列表框中选“从中间向左右”，就得 从中间向左右展开的动画。我们可以预览文本及对象的动画效果，观察它们如何工作，并随时调整，直到满意为止。幻灯片里的所有对象里的所有对象都能设置动画。

如果要让标题出现时有声音，可以打开声音列表框（默认显示“无声音”），选取“打字机”或其他的选项，在“引入文本”列表框中再选择 “整批发送”或者“按文字”、“按字母”，在幻灯片放映图文出现时我们就可以听到相应的声音了。“按字母”是引入文本的方式，利用它可以更细致地设置文本的动画。比如“飞人”动画，如果在引入文本中选择“整批发送”，整个文本框中的内容就会一下子全“飞入”进来；如果选择“按字”，那就。会按词组飞进来；如果选择“按字母”，那就会一个字一个字地飞进来。

值得注意的是，标题比正文后出现不太妥当，所以要调整出场顺序。在“自定义动画”中选“顺序和时间”选项卡，在“动画顺序”一栏里，选中某一个要移动出场顺序的标题或正文，点旁边的向上或向下的箭头，就可以完成动画顺序的调整。

在右边的启动动画选项中，“单击鼠标时”处于选中状态，说明动画出现前要单击一下鼠标。如果想让动画不用单击鼠标也能一个接一个地放，就选中下面的选项，“在前一事件后0秒，自动启动”，还可以设置时间间隔，控制播放过程。

同样地，图表也可以设置动画效果。找一页有图表的幻灯片，然后对图表进行“自定义动画”设置。首先，在“图表效果”选项卡中找到“引入图表元素”下拉列表，选择“按类别中的元素”，复选框“网线和图例使用动画”可以决定图表中的网线和图例是否使用动画。在“动画”下拉列表中列出了播放动画的方式，可以选择“向上擦除”或其他方式，然后再选择一种合适的声音。最后再来设置激活动画的方式，点“顺序和时间”选项卡，选中“在前一事件后”。这和文本框的动画设置是基本一样的。

另外，母版也可以自定义动画，进行动态处理。只是，它需要在“视

图”、“母版”中进行设置。

自定义动画的设置有以下几个小技巧：

使用螺旋效果引入新的主题或解决方案；
使用回旋添加悬疑或奇怪的效果；
使用从屏幕中心放大效果表示揭示谜底；
使用缩小效果强调观点；
使用切入效果比较数据；
如果是重点突出的文字，就用闪烁的效果；
如果是正在读的一段文字，就用向右擦除效果；
如果想控制字出现的节奏，就设定“按字母”方式擦除。

流程图动态化

用动画表示流程图的动态发展顺序和过程是最恰当不过的了，它能够使一个流程图变得生动和明了。动态流程图如何设置呢？

第一步，先画好流程图。画流程图的工具在“绘图”工具栏中的“自选图形”中都有现成的，我们要充分利用“连接符”和“流程图”中的选项，这样画好的流程图，如果拖动其中一个带有连接符号的图形，连接符号也会自动作出相应的变化。这样我们就可以快速、方便地制作和编辑流程图了。要在流程图的各矩形框中填充一样的效果，可以利用Shift键的功能，把它们依次选中，然后统一设定填充效果。当然，也可以在画流程图时，画好一个矩形框，然后将其复制粘贴，也可以使所有的矩形框有统一的风格，包括颜色、填充效果、文字字体等。

第二步，进行动画设置。点击右键，在弹出的对话框中点“自定义动画”。设置所有对象的时间为“在前一事件后0秒，自动启动”；选中“两条直线的位置关系”文本框，设置其效果为“溶解”，并确定其顺序为第一位，选中“共面”文本框，也设置其效果为“溶解”，顺序为第二位；依此类推，按顺序设置其他对象的效果。这里要提示的是，对向下的箭头，就选“向下擦除”效果，对向右的箭头，就选“向右擦除”效果，这样图形的动感更好。矩形框是数据节点，最好选用“溶解”的效果。这是给图赋予生命力的过程，需要认真仔细。

第三步，预览和调试。都设计好后，预览一下效果，看有没有搞错顺序的。如果哪一个顺序不对，再重新调过。反复调试几次，就成功了。

幻灯片切换

幻灯片的切换效果就是在幻灯片的放映过程中，放完成这一页后，这一页如何消失，下一页如何出来的动态效果设置。幻灯片切换的动态效果可以增加幻灯片放映的活泼性和生动性。如何设置幻灯片切换的动态效果?

首先，在幻灯片浏览视图中，选中要添加切换效果的幻灯片，然后单击“幻灯片放映”菜单中的“幻灯片切换”命令。在弹出的“幻灯片切换”对话框中“效果”选项组中单击下拉箭头，就可以看到下拉列表框里列出了40多种切换效果如“飞人”、“打字机”等等。选取一种，上面小图中已经把效果表示出来了。

在下面的切换速度中选“中速”或“快速”，效果是不 样的。如果不进行设置，缺省状态为“单击鼠标换页”，也就是在幻灯片放映过程中，点一下鼠标，幻灯片就换到下一页，同时显示换页效果；如果在就换到下一页，同时显示换页效果；如果在复选框上点一下，取消了“单击鼠标换页”，那在放幻灯片时，点一下鼠标，幻灯片就不会换到下一页。还可以不用任何操作，就换到下一页。选取换页方式中的间隔，然后在下面的文本框中输入一个时间，比如输入2，那么幻灯片放映时，隔2秒钟它就会自动切换到下一页。

在换页时，还可以有声音。在声音选项里，打开列表框，选择“幻灯机放映”声音，那每次换页时，就会听见这个声音，就像真的幻灯机在放映。

幻灯片切换时的动态效果设置有以下几个小技巧：

如果两页之间的内容有演变关系，比如把企业创业时的办公环境和先进壮大后的办公环境的两张图片展示给观众，就采用“溶解”方式，放完第一张后，第二张渐渐出来；

如果是很长的流程图，要几页才能展示完，就采用“向左插入”，画面给人以连惯、流畅的感觉；

如果是在展示数张不是非常重要的照片，可以用从对角线方向“抽出”方式；

如果两页内容相差不太大，标题一致，只是正文内容有些变化的，最好不要在两页之间加幻灯片切换。

◆ **后期修缮制作**

所有的幻灯片都做好了之后，我们会发现，作为一个整体，整个演示文稿还需要一些后期的修缮制作工作。

给演示文稿减肥

由于插入了图片以及其他影音文件等等，往往我们做完一个文稿后，发现它实在太肥大了，竟然无法方便携带。怎么样给演示文稿减减肥？这是一个问题。

演示文稿肥大的主要病因大部分是图多，如果演示文稿中有几十幅较大的图片，那文件可能就有几兆或十几兆大了。我们的主要手段就是拿图片开刀。首先看图片的几何尺寸有多大，也就是图片的长和宽是多少。如果图片比显示器屏幕区域还大的话，就可以把图片缩小，一般最多和屏幕一样大。这步很容易，在画笔、Microsoft Photo Editor、PhotoShop等图形工具中都可以将图片缩小。一幅BMP图片，长和宽都缩小到50%后，文件能减少4倍。

更重要的是，PowerPoint支持JPG格式的图片文件，同样一幅图片，JPG格式只有BMP格式的几十分之一，所以如果我们多插入些JPG格式的图片，把BMP的文件替换掉，PowerPoint文件就小多了。而且，BMP转换JPG也非常简单，在ACDSEE、画笔等常用工具都可以轻松转换。这是最有效的给演示文稿减肥的办法，就是再大的图也不用怕。另外插入的图片如果是WMF格式的剪贴画，PowerPoint文件也会很小。

设置数据随时更新

我们常常会遇到这种问题，从Excel中复制了一个数据表格，但Excel中的数据经常更新，而我们要求PowerPoint演示文稿中的数据必须是最新的，也就是须与Excel工作表中的数据保持一致，难道每更新一次数据，就对PowerPoint中的数据修改一次？当然不用这么麻烦。

在Excel工作表中，选定包含公式的单元格，然后将其复制。切换到PowerPoint中，单击“编辑”菜单中的“选择性粘贴”，在弹出的对话框

中，选择已被激活“粘贴链接”项，“确定”，就会被粘贴为链接的对象。此时，原始信息还保存在Excel源文件中，在PowerPoint目标文件演示文稿中显示的是链接信息的映象，保存的只是原始数据的位置。这时如果Excel源文件中的原始数据更改了，连接信息就会自动更新。

如果想链接的不只是一两个数据，而整个工作表，怎么办呢？可以使PowerPoint目标文件中的数据表与Excel源文件保持一致。单击“插入”菜单，选取“对象”命令，然后选择“从文件创建”单选框中的“浏览”按钮查找所需的工作表文件名，然后选中“链接”复选框，“确定”，整个工作表就被链接过来了。

用链接把数据绑在PowerPoint里，这样不管链接那头如何变，每次打开文件时都从链接处读取数据，数据自然可以随时更新。

另类保存及打印PPT

一般情况下我们是将演示文稿直接保存。这是一种后缀名为PPT格式的文件，要打印的时候就从“文件”菜单里面直接选择“打印”。

需要注意的是，演示文稿的默认打印状态是6个幻灯片排满一张纸。而在“幻灯片加框”前面打上勾会使打印的效果更美观一些。不过，有时我们需要将演示文稿转换格式来适应各种场合的要求。比如，需要做培训师自己的比较详细的讲义，那么一般是把幻灯片转换为图片的格式，然后插入到Word文档内容中，以便利讲师自己的讲课条理性。这就需要将PPT文件进行另存为的操作。

从“文件”中找到“另存为”，单击“保存类型”下拉菜单，可以发现PowerPoint演示文稿可以保存为可以转换成很多种格式的图片：GIF可交换的图形格式、JPEG文件交换格式、WINDOWS图元文件（WMF格式）等。我们可以根据需要选择，但是值得注意的是，GIF和JPEG的图片文件比较小，占用磁盘空间比较少；WINDOWS图元文件（WMF格式）则占用空间最大，但是图片效果最清晰和真切。此外，PowerPoint演示文稿还可转换为WEB页等。如要将整个PPT的幻灯片全部另存为WINDOWS图元文件（WMF格式），可以这样操作：

从“文件”下拉菜单点击“另存为”，在出现的界面中的“保存类型”处选择“WINDOWS图元文件”，再键入文件名，选择好保存位置，“确定”，在弹出的“需要输出演示文稿中的所有幻灯片吗？”对话框中选“是”，演示

文稿中的所有幻灯片就全部另存为“WINDOWS图元文件”了（如果选 “否”的话，仅有当前一张幻灯片被另存为“WINDOWS图元文件”格式）。

所有的另存为图片格式的幻灯片都会被存放在选定的存放位置中的一个文件夹里面，我们可以在Word文档中依次选“插入”、“图片”、“来自文件”，将各个另存为产生的图片插入到Word文档中去，经过编辑排版，再按照一般Word文档的打印方式打印出来。

PPT与PPS的转换

一般情况下，培训师在正式授课之前就已经准备好演示文稿了。到了上台的时候，就只需要将这些幻灯片放映出来，而不用再进入编辑状态。那么，如何做到一打开文件就进人到幻灯放映状态呢？这就是PPT和PPS的转换问题。

还是要从“文件”下拉中用“另存为”这个命令，在“保存类型”中选择“PowerPoint放映”，键入文件名，选择好保存位置，“确定”，原来的PPT文件就被另外保存成了一个PPS文件。

现在只要打开这个PPS文件，就可以马上进入到原来的PPT文件的放映状态。而对于PPS文件，如果还要让它回到PPT状态进行编辑，可以在PPS文件图标上单击右键，选择“打开方式”，在出现的程序列表中选择“Office PowerPoint” 软件程序，就可以在PowerPoint环境下打开PPS文件了。

基本共识：效率·空间·流程

幻灯片演示，对于听众来说，完全是对眼睛的一种刺激。而对于制作文稿的演示者来说，要考虑的则应该是如何有效地运用视觉的效果来支持整个演示。

培训师可以这样告诉学员，以形成基本共识：

在开始讲述一些制作幻灯片的技巧之前，我想先与大家做一些共识上的沟通。也就是说，如果能够运用图画、声音、动画等等多媒体地信息媒介来向听众传达你的思想以及信息，那么最好不过。PowerPoint

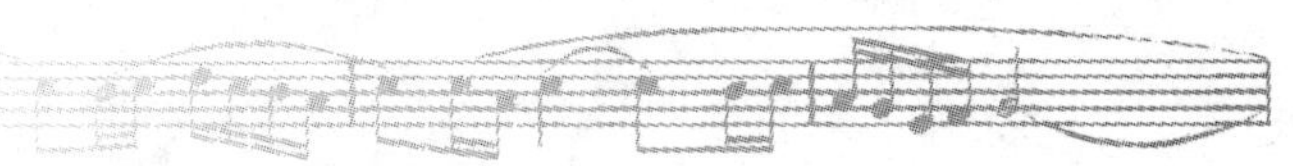

里面设置这些并不是什么很难的特技，它完全支持这些内容。但是，同时，第一，做演示并不是一个艺术家在表演，所以并不需要很高的美学的造诣；第二，演示者同样不是一个广告设计家，也并不需要过多地考虑如何画出美妙的图画。相反，向听众演示过度精美的幻灯片，那样会分散他们本应集中在内容上的注意力。因此，我希望大家能够形成一个共识，那就是更多地去关注思想内容的成熟度，而不是形式上的花里胡哨。在制作幻灯片的时候，所需注意的应该是一些技巧，原则，流程等等，而所有的这些将帮助你有效而准确地进行思想的交流。对于每一个演示者来说，在幻灯片制作过程中，所要考虑的是如何更有效率地制作幻灯片，而目标则是创造一个有意义的、令人印象深刻的、互动的演示。

注：如果图画与声音并不能增强思想表达的效果，那就坚决地把他们摒弃掉！

◆ **效率**

整个幻灯片制作的过程，我们需要有三个基本概念：一个是效率，另一个是空间，第三个是流程。

我们先来说说效率：幻灯片制作过程中的很多操作可以分成几个小动作来完成，效率正是从这几个小动作之中产生的。我们来看一个例子：复制一个简单图形并且将它排列好需要多长时间？

方法一：

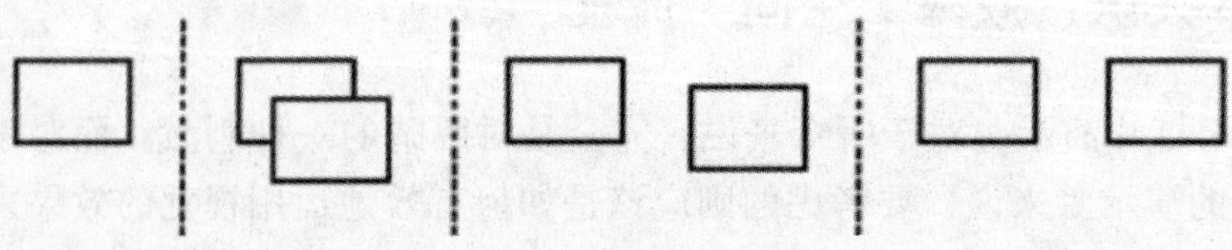

图示1

先选择图形，然后复制、粘贴，再将新复制出的图形从原件处移开，最后在绘图菜单中选择排列命令。估计整个操作完成时间大约为16秒。

方法二：

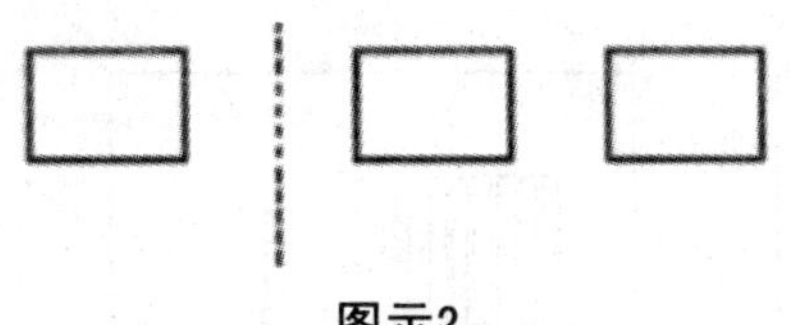

图示2

同样，先选择图形，然后按住Ctrl和Shift键，与此同时移动目标到想要的位置。估计整个操作完成时间大约为2秒。

这两种方法有何不同呢？他们之间就是14秒时间的不同。也许你会认为这个无关紧要，14秒而已！但是，如果把很多的14秒加起来，那么你还会认为它无关紧要吗？复制操作在幻灯片制作过程中是一个非常频繁的操作，通常在中等复杂程度的一张幻灯片中我们需要做20次以上类似的动作。所以14秒的差异就意味着一张幻灯片上的280秒的差异，一个100页的演示的28000秒（相当于8小时）的差异，而这还只是各种各样操作中的一种而已。因此，我们为每一项操作找到最有效率的操作方法，并将这个思路贯穿于整个制作幻灯片演示稿的过程之中。

◆ 空间

另一个需要注意的概念是空间位置的概念。我们制作幻灯片，就像在一块固定的土地里面建房子，既不能够浪费土地，也不能够过度使用。

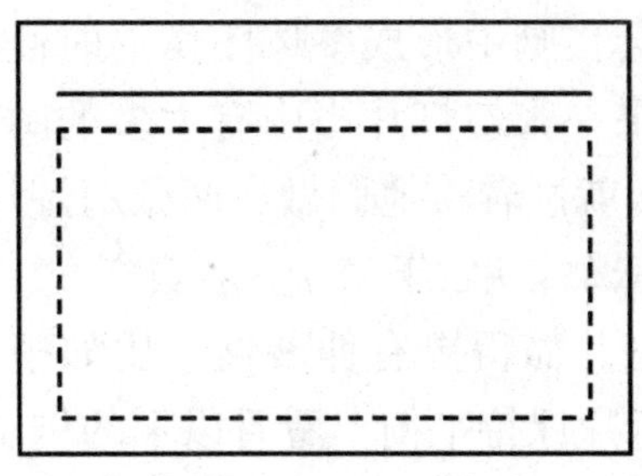

图示3

如图示3所示，正文的内容最好不要超出虚线框的范围，否则就会显得不够规范和美观。同时，我们需要保证虚线框内的内容包括图形及文字等保持平衡。我们来看一看，图示4中的哪一个比较看起来比较顺眼呢？

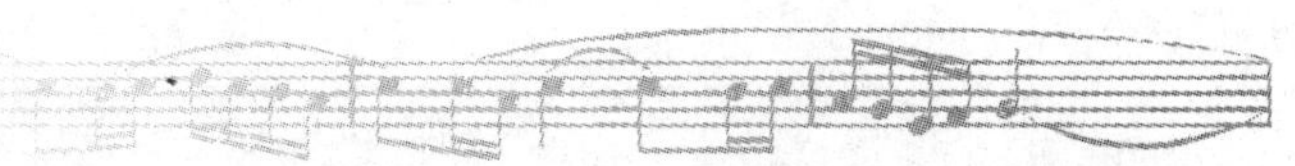

图示4

我想大家都会认为是第一个。不错，因为第一个的内容安排很平衡，看上去很舒服。而第二个是内容安排太小气，没有充分利用空间，显得很猥琐。第三个则是过度运用空间，铺得太开了，连幻灯片的边界都占用殆尽，给人感觉显然是不经细雕的仓促之作。

所以，建议演示者们在开始制作幻灯片之前，在脑中先做一个总体把握，构思一下整张幻灯片的内容结构以及大致安排。你需要考虑的问题大约有以下几个：

在这张幻灯片当中你想放置多少段文字？以一个什么样的顺序放置？

这样你就可以知道将各个文本放在哪里比较好了

在这张幻灯片当中要放多少个图形、表格和图片？

这样你可以对他们所占空间的大小有所了解。当你成为一个幻灯片制作的高手的时候，你会在脑中形成整体图像的时候就对各个构成部分的空间比例有了把握。如果一张幻灯片当中有太多的图形、图像、表格、文本等等这些东西了，那么就试着将他们做成两张幻灯片吧。

以后是否需要在这张幻灯片上再添加一些内容？

这样你可以将幻灯片做得更有伸展性，比如稍稍留出一点空间，但是记住我们还是要是幻灯片保持平衡。看看以下的例子。

图示5

◆ 流 程

请先看以下图形：

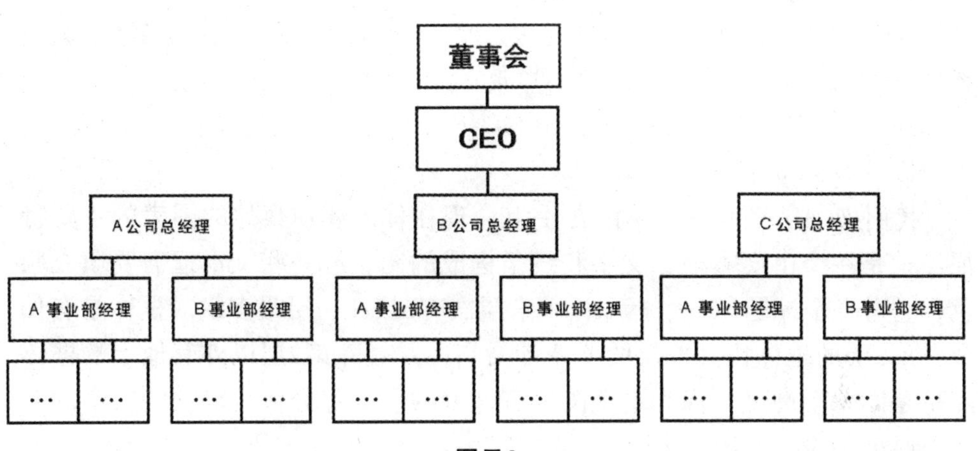

图示6

一般情况下，我们认为在开始制作幻灯片之前画一下草图是有必要的。

是否感觉很可怕？可是没有办法，在制作幻灯片的时候你会经常需要制作这样的图形。怎么样画这样的图形呢？是不时感觉无从下手？其实，如果有一个比较好的流程意识的话，我们是一点都不用担心的。

就像企业管理中，流程的改造可以大大的提高绩效一样，在制作幻灯片的时候，也是同样的道理。你并不需要1秒钟打300个字，也不需要提高你的工作速度，但是你仍然可以提高制作幻灯片的效率和质量。一个好的流程有三个好处：

减少一半到2/3的制作时间；
保证幻灯片保持良好平衡；
让修改工作变得更加容易、简单。

下面让我们以上图为例，对幻灯片的制作流程进行一下分析。制作幻灯片之前，我们需要贯彻一些规矩以免造成不必要的麻烦：

花几分钟思考和分析一下幻灯片每个部分绘制的困难水平；

从那些难于替代的部分开始制作，最后再做那些容易替代的部分；

当修改幻灯片时，尽量从容易的地方改起；

通过一些途径对图片的大小有所概念；

对于复杂的图表最好在开始将它置入PowerPoint之前能够做一个草图，同时留下一些空间以防日后要进行图表的修改。

第一步：观察。

我们必须已经有一个草图在手上，现在你需要观察你的图表的主要特征：这是一个由文本框、文字和线条构成的图，有一些文本框需要填充颜色；它有一个标题和一个标示；垂直层次有6层；一层最多组成框体是有15个；第2层的框体比其他层的框体都要高，并且除第2层以外其他层的框体几乎是同一个高度；因为这个图表有许多的组成部分，所以它的文字的字号需要小一些，大约是10点。

第二步：量度估算。

首先来辨识这个图表制作的瓶颈难点。第4层是一个，因为在这同一层上面一共有15个框体，这使得在水平位置上空间显得很拥挤。因此，要找出这里面哪一个框体包含文字最多并且宽度最大，把它先画出来。将文字置入框内，并按正中对齐。

然后复制15个框体，将它们排列好，以相同的距离分散开来。

如果空间不够，就将文字字号缩小，比如字号10点变为字号9点。

如果空间仍然不够，字号已经不能再小了，那么减短框体的宽度，通过减少同一层的内容而达到增加空间的目的，如下图。

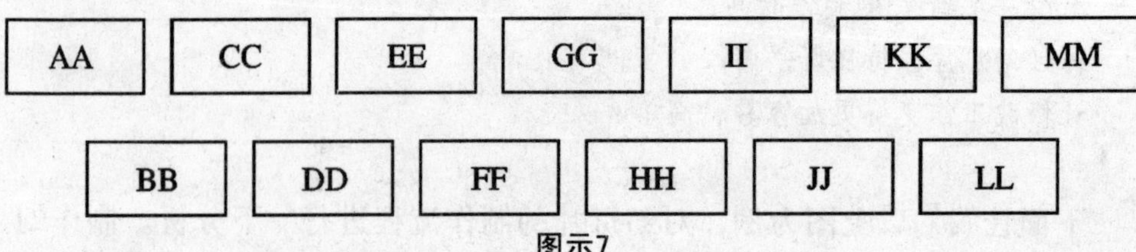

图示7

虽然这是一种安排的方法，但是对于有6层内容的本例子来说，垂直方向上面也已经没有空间来容许进行这样的拓展。

那么，就只有将15个框体全部填入内容，对于内容比较少的框体进行

框体宽度的压缩，不过框与框之间的距离仍须保持一致。

现在我们再来量度框体高度。第2层和第3层是继第4层之后比较复杂的层，于是，先分别制作一个第2层和第3层的框体。

为第2层复制第2层框体，为第1、3层复制第3层框体，为第5、6层复制第四层框体。因为空间比较充足，因此可以将字号放大一些，比如字号10点或者更大的，不过，因为第5、第6层是在第4层之下，因此它们框内文字的字号不能够超过第4层的字号9点。同时，主要要保持不同的层之间的空间距离相等。在这个时候，不用担心每个框体在水平位置上是什么样子。还要留下一点空间给标题以及标示。

第三步：输入文字，调整框体大小。

第四步：画出框与框之间的连接线。

第五步：将第三层的框体往连接线的中间移动。

第六步：重复第四步和第五步。

第七步：在框体内填充颜色。

第八步：写上标题和标示。

最后，我们要强调另外一个非常非常重要的共识，那就是在你完成一张幻灯片或者完成一个复杂的图形、表格或者文本等等的时候，千万记得要点击“保存”按钮进行保存。

重要技巧：个性化桌面·快捷键·移动复制·选择

进行桌面的个性化是在PowerPoint文稿制作中比较常用的一个技巧。为什么要进行桌面的个性化呢?

我们所说的桌面，是指在演示文稿制作者自己以及PowerPoint程序之间工作的一个界面。桌面个性化的目的是要创造一个舒服的工作环境，使制作过程中的各种干扰因素减少到最低程度。

如何来个性化桌面呢？在菜单栏上面选择“工具”中的“自定义”项，然后点击“命令”，在出现的各种命令的表格中，将你需要的（将要

使用到的）命令图标拖到活动工具栏上面去。如图所示：

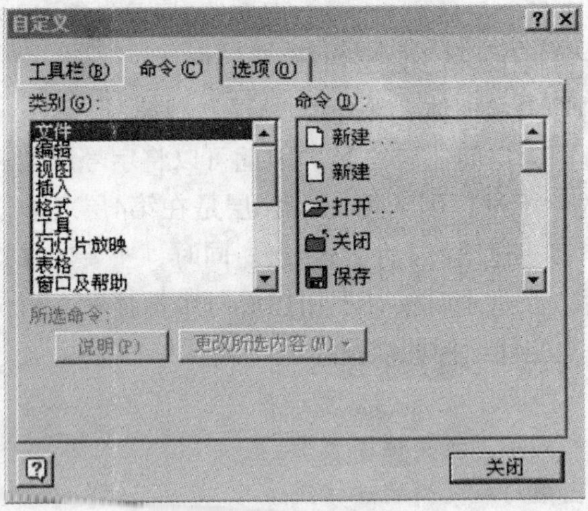

图示1

通过个性化桌面的设置，我们可以得到一个适合自己使用的非常个性化的使用起来非常方便、顺手的桌面，它有可能是这样的：

界面上方工具栏从左到右、从上到下（如果工具图标不能够在一行显示完，那么就将第二行排满最常用的，另外一些排在上面一行）：字体、字号、文本排列形式（左对齐、居中、右对齐）、项目符号、字号改变（增大字号、减小字号）、颜色工具（填充颜色、线条颜色、字体颜色）、组合与取消组合、显示范围、字体格式（加粗、倾斜、下划线、字符边框、字符阴影）等。

界面左侧或者下方：最常用的图形（直线、直线箭头、方框、椭圆）、（横、竖）文本框、线条格式工具、阴影工具、三维效果工具、艺术字工具、剪贴画工具等。

然后，我们还需要对演示文稿的基本固定设置进行个性化。通常，我们打开一个新的PowerPoint文档的时候，得到的只是一个空页。为了把它变成我们想要的格式，我们需要做一些工作。能不能把自己公司的标准格式直接拿来使用呢？是的，的确可以。在幻灯片“视图”中的“母版”下，选择“另存为”，并在保存格式选择项中选“演示模版”，然后替代空白的演示文件。通常，幻灯片母版看起来是这样的。如图所示：

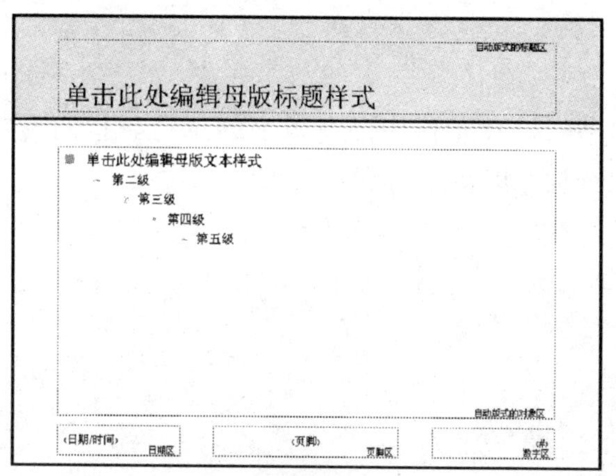

图示2

在制作幻灯片过程中，我们常常需要将幻灯片放到最大来进行预览。因此，有必要将幻灯片以最大的尺寸显示出来，以保证我们能够看到更详细的细节。这就是为什么我们要将那些最常用的图标放到活动的工具栏上面去，并在我们并不需要的情况下将标尺给隐藏起来。根据经验，最多只有两行以及两列的工具图标是有必要显示出来的。让我们看看以下的两个不同的桌面：

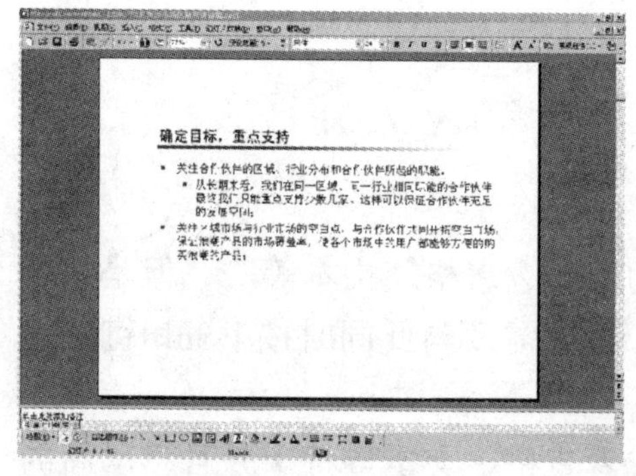

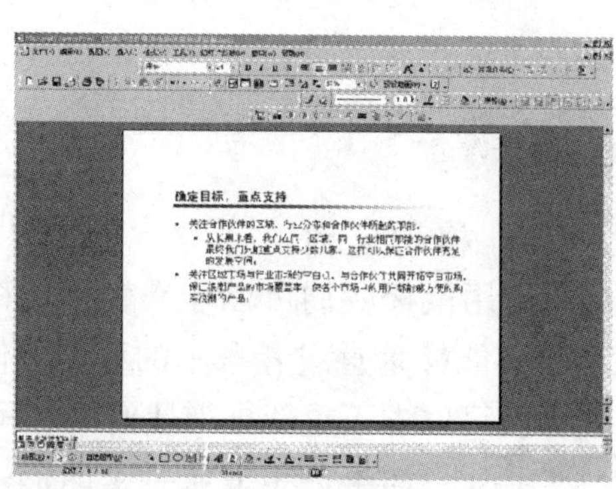

图示3

哪一个你认为会让你在工作中更有效率呢？自然是第一个了。

值得一提的是，我们可以很轻松的在按住Alt键的同时用鼠标将图标移动到另外的工具栏上去，或者按住Alt键的同时用鼠标将图标拖到工具栏外边，这样就可以轻松地移除图标。而在另一方面，我们也可以增加一些群体性功能到菜单栏上去，比如“绘图”或“自选图形”等。

◆ **快捷键**

使用快捷键是幻灯片制作中最有效率的技巧。我们需要熟悉以下的快捷键，因为他们经常可以运用得到：

Ctrl+C：复制。
Ctrl+X：剪切。
Ctrl+V：粘贴。
Ctrl+S：保存。
Ctrl+A：全选。
Ctrl+Z：撤消。
Ctrl+D：制作副本。
Ctrl+O：打开。
Ctrl+F：查找。
Ctrl+H：替换。

这些快捷键绝大多数在键盘的左边，如果是用右手操作鼠标的话，那么左手就很容易进行快捷键的操作，这是非常方便的。所以，这些快捷键需要花功夫进行练习并牢牢记住。

◆ **移动复制**

运用鼠标我们可以非常轻松地移动图形、表格、文本等等，但是如果你希望能够垂直或者水平的移动他们，你就需要与此同时按下Shift键。这样你就可以省下重新排列他们的时间。

另外，如果你想复制一个图形（或者表格、文本等等）并且移动新的这个复制品到你希望的地方，那么你也可以用一个动作完成这个操作——按下Ctrl同时用鼠标将它移动到你希望把它放置到的地方。而同时按住Ctrl和Shift，并移动图形（表格、文本等），你就可以在水平或者垂直的方向得到一个并列排列着的新的复制品。

这些移动复制的技巧在画组织结构图以及柱状图表的时候非常有用。

◆ **选择**

当我们需要对一个或一个组合的内容进行编辑的时候，我们需要先选择它们。

把鼠标移到一个目标内容上面并单击它，你就选择了它。

按住鼠标的左键不放并拖动它经过所有你像要选择的目标内容，那么你就选择了所有拖动范围之内的目标。

如果你想选择一些分散的单个目标内容，那么就按住Shift键，用鼠标分别单击你所要选择的多个目标，那么你就能够一个一个地将它们选起来。

快捷键Ctrl+A可以让你选择到一个幻灯片中的所有目标内容，或者是一个文本框中的所有文字。

在一个文本框中，连续击鼠标左键三次，你就可以选择到鼠标正对的一个段落；双击，则你会选择到一个字。要选择到一个文本框，最快的方法是按住Shift键的同时单击文本框中的任何一个地方。这样，你选择的就是一个做为目标内容的文本框，而不是一个准备编辑的文本实体。

格式：文字·线条·图形

◆ **文字**

虽然在幻灯片中文字的比重远远不如其他文本文件，它只是起到了一个穿针引线的展示主要观点的作用，但文字也仍然是幻灯片演示中很重要的一种信息传达方式。如何设置文字的格式，恰如其分的表达思想内容，并且兼顾美观，这其中是有技巧可言的。

在工具栏上的字体设置选择框中提供了一些字体型号让我们来选择。经验表明，大于96点以及小于6点型号大小的字体我们通常用不到，当然，也没有必要用，因为，它不是太大而让人看起来不舒服就是太小让人看得不清晰。关于幻灯片版面文字字号安排，更详细的内容，请参考第三章“屏幕·距离·字号”中的阐述。

作为文字要点分割的标志，项目符号在PowerPoint幻灯片中是非常常用。我们可以在菜单栏上选择“格式”下的“项目符号和编号”功能项下的“字符”对它进行形状、颜色以及大小的设置。如下图所示，在“项目

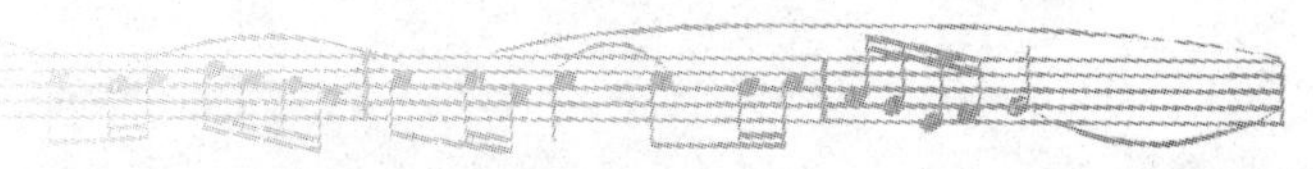

符号来源” 选择框中我们可以有许多选择，因为这是一个非常庞大的储存库。

如图：

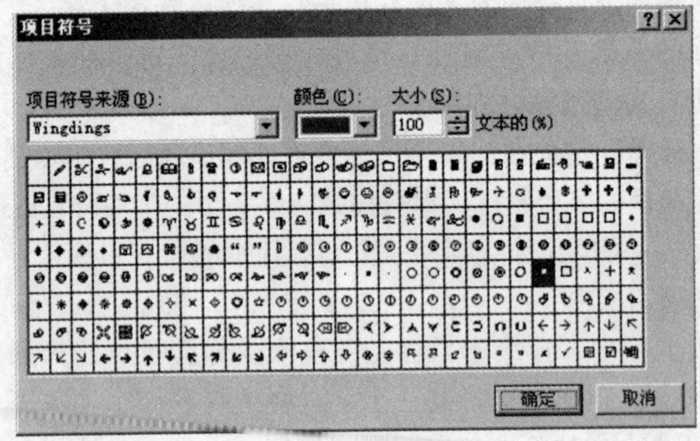

◆ **线条**

画线条在幻灯片制作中也占有相当重的分量。

虽然，画线条很容易，但是，你尝试过更简单有效的方法没有？我可要告诉你一个技巧。在你画线条的同时，按住Shift键，这时候你画出来的线条就是水平线或者放射性直线，比如相对于水平位置的15°度直线、30°直线、45°直线、60°直线。

还有，想一想，像下面这样的图形你怎么画出来呢？

如下图：

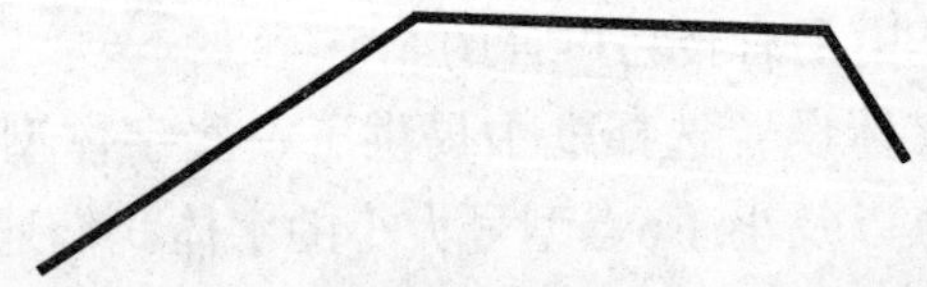

千万不要画三条直线然后将它们连接起来，因为那样会很没有效率，并且不容易进行编辑。应用PowerPoint提供的“自选图形”中“线条”下的“任意多边形”来进行画图，你会发现这个操作变得非常容易。

◆ 图形

图形如何放大和收缩呢？别以为这很简单，实际上也是有技巧可言的。

我相信很多人都知道怎样去改变图形的大小形状，但是如果你需要将它变为原图形的成比例大小，在改变图形大小的时候你就需要按住Shift键，否则你会是图形变形，不是扁一些就是窄一些。比如使圆形变成椭圆形，使正方形变为长方形。所以，请你不要过度相信你的眼睛，因为它的量度并不准确。

如果你需要扩大或者收缩比较复杂的合成图形，那么先要将它所有的构成线条、图形等等组合起来成为一个整体。然后在合成图形上面单击鼠标右键，选择“设置自选图形格式”中的“尺寸”项，在“缩放比例”选择框中填入任何我们需要图形收缩或者放大的大小比例。同时单击“预览”按钮我们还可以在做出最后决定之前先看到收缩或放大的效果。

另外，我们又怎样画一个不规则的图形呢？虽然“自选图形”中提供了很多现有的图形，但有时候我们还是需要一些没有提供选择的其他图形。用“线条”中的“任意多边形”可以画出一些不规则的图形，比如下图：

下面我们要谈谈如何改变图形。首先请看下面的这个图形，你将如何画出来？图例：

难道一一画出一个个正方形、三角形等等，然后再重新排列它们？

不。正确的方法应该是：

先画出一个由同样的小图形整齐排列起来的组合图形，这个操作非常快，我们能够在30秒时间之内就完成。如下图：

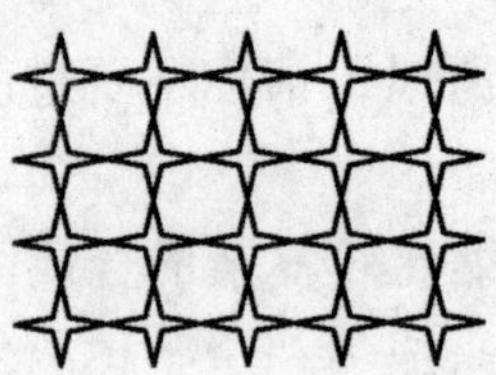

然后选择那些你需要替换的小图形，通过“绘图”中“改变自选图形”来选择你需要用以替换的图形，就可以马上改变整个组合图形的构成。如下图：

重要原则：文本·定量图表·定性图表·特效

◆ 文本：一致性

文本的一致性能够让演示看起来更加专业。在前面的共识之中，我们提到过，演示稿幻灯片的设计并不是在做艺术设计，不是在做很精美的图画，而是在设计一种思想和信息交流的最好方式。当你演示的幻灯片表现得很一致的时候，听众对你的演示的形式越来越熟悉，他们会更容易跟上你的思维。

我们所说的文本的一致性包括：

一致的字体安排；

一致的标题和小标题字体字号、项目符号及排列方式；

同一张幻灯片中图表字体字号的一致；

一致的缩略语和术语；
一致的主格称谓；
一致的讲述方式。

我们来看一下这个例子：

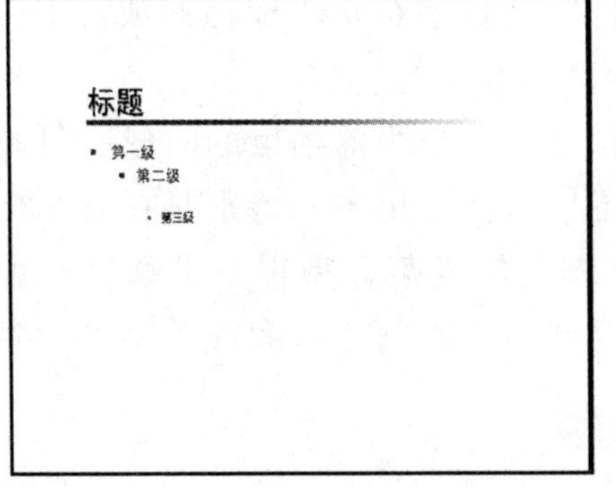

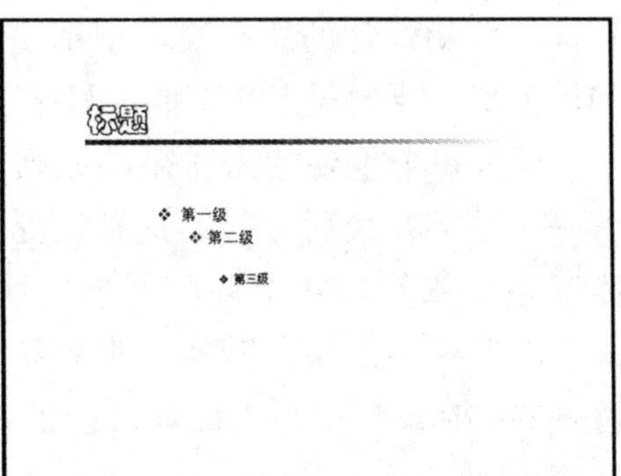

图示

在同一个PowerPoint演示文稿中，两张幻灯片的格式不一致：标题的字体字号字形不统一，项目字符的位置和形状不统一。整个演示文稿因此而变得凌乱不堪，难以一目了然。

关于幻灯片文本的其他一些原则，比如字号，是否斜体或者是否加粗等等，还有一些要说的。一般来说，文本内容比较平实，也因此不易引起听众的注意，这就是我们需要针对不同的演示意图对不同的文本进行不同的加工操作，比如字号、斜体及加粗等。

字号其实是取决于文本的重要性。幻灯片的标题通常会被设计为一张幻灯片所有文字中的最大字号，没有任何正文中的文字可以比标题的字号更大。根据经验，18~20点是最合适的标题文字字号，小标题以及图表标题的字号要稍稍比它小一些。不过，小标题以及图表标题的字号可能会更加具有可调整的自由度，我们可以通过收缩字体大小来使整个幻灯片的空间不至于显得太过挤迫。如果需要将幻灯片文稿打印出来，那么尽量要使文字的字号设置大于10点，因为字号小于10点的文字在屏幕演示中会使眼睛非常不舒服，所以最好能够将字号设置为14点以上。

斜体和粗体的使用也是非常灵活的。在强调一个议题的重要性的时

候，或者是需要将两个不同的文本组合明显分开，强调它们之间的差异的时候，我们都可以灵活而创造性地使用斜体和粗体。

项目字符在PowerPoint幻灯片中相当常见。不像其他形式的文档，PowerPoint演示通常是使用简而短的句子来传达和交流思想，因此用项目字符把它们一一罗列就显得简单明了，非常值得推广。不过，要记住，不要在同一张幻灯片的所有文字中都使用同样的项目字符。小标题的项目字符和其他次重要的观点文字的项目字符应该区别开来的。

还有一个重要的需遵循的原则，那就是在一个段落结束的时候，只剩下一个单字在最后一行，这种情况我们不应该让它出现，特别是在有几个段落在一张幻灯片上面的时候。因为这样会使段落显得很不平衡以及和谐。单字要不出现，其实也很容易，只要调整文本框（拉大或缩小），多留一些字在最后一行上面就可以了。

◆ 定量图表

柱型图

柱型图是演示中最常用的一种图表，它通常用来揭示不同的项目之间数量的差异，这些项目如不同的品牌，不同的模型，不同的顾客，甚至是时间的推移。在项目是时间的时候，如果时间区间不超过5个，那么柱型图就比直线图能够更好地展现出问题的实质。在使用柱型图的时候需要共同注意的是：

标轴数字注释通常并不出现在柱型图中。因为这样可以省下相当的空间来将图表做得更大一些。每个柱表示的数量可以标在柱顶上面。相信听众们不会拿根尺子去做准确的量度吧；

尽量避免使用网格，因为那会使图表变得复杂和让别人看了分散注意力；

千万要使用同样的尺度标准来比较不同的柱体；

如果需要将幻灯片演示稿做黑白打印，那么记得将柱体的颜色设为白色从而使页面显得更清洁一些。颜色只是用在需要强调的项目上面，或者用来表示不同的数据群；

在同一张幻灯片中，柱型图的柱与柱之间的距离应该是相同的，同时，标

注文字也应该保持一致；

图表在一张幻灯片当中要恰到好处地进行排列，也就是说，纵轴横轴，表注，还有图表的标题等都要放在该放的位置。

值得一提的是，多重类别的柱型图，也就是在一个图表里放进许多组不同的数据群，从而使比较对比更加明显易见。比如画“部门产量对比图，”如下图：

对于多重类别柱型图，也需要注意一些原则：

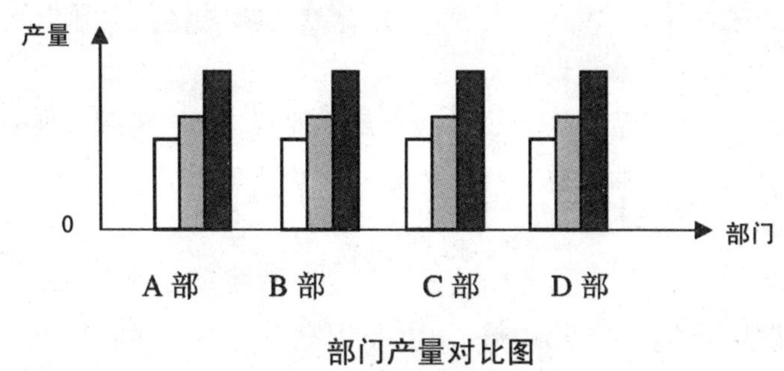

部门产量对比图

（注：□第一类 ■第二类 ■第三类）

尽量避免在图表中置入三个以上的数据类别；

用颜色将各个类别区分开来，同时在图表下或旁边另外注明每个颜色代表的类别，如果需要进行黑白打印的话，设置的颜色明暗度就要能够在黑与白之间清晰可辨。要使需要强调的类别的柱状所用的颜色成为最暗，要不，就将各类的柱状颜色由明到暗进行排列；

使柱组与柱组之间的距离大于一个柱体的宽度，而小于一个柱组的组合宽度；

标示可以放在图表的下边也可以放在图表的旁边，是用与图表文字一样的字体。

饼状图

饼状图的目的显然是要传达一些关于比例构成的思想内容。实际上，人们经常使用它来表达份额，如市场份额，类别份额等。在制作饼状图的时候，我们要注意：

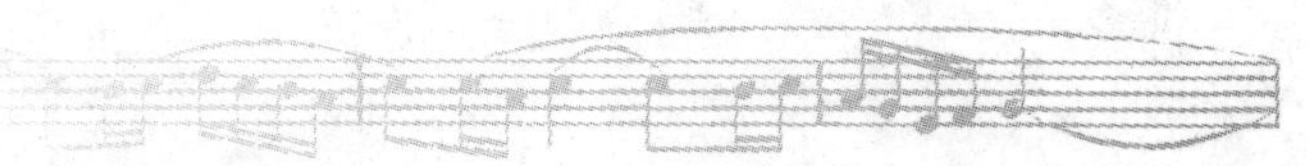

尽量使“饼”里面的项目类别在5个以下，最多不超过8个。因为太多的项目在许多时候是没有意义的。为了控制项目数，我们可以将一些小份额的项目合并起来归类为一个项目，统称为“其他”；

在极端的情况下，比如描述一个非常零散的市场，你可以将图表分割成任意多的项目部分。但是，这种情况千万别做多了；

将不同的“饼块”项目用不同的颜色来填充，同时再标示注明，这是一种好方法。但是，如果是要用黑白打印出来，那样是很难辨认的。所以，将所有饼块留白并在每个“饼块”项目旁边注明项目名以及数字，那样就可以了；

如果你想强调某一个“饼块”，那就给他填上颜色并把它抽出来，你同样可以用视觉符号比如箭头来强调它；

如果可能的话，按照从小到大或者从大到小的顺序排列这些项目；

如果空间限制，可能的话就将标注放进“饼块”里面去。

直线图

直线图通常用来揭示某种趋势。在时间区间大于5个的时候，倾向于用直线图来传达信息。直线图绘制的原则一般有：

用不同的线型（实线，虚线，长划线）来表达不同的趋势线；

用最粗的线来表示最重要的趋势；

尽量将同一个图表中的直线控制在3~4条以下；

用标示注释或者箭头来讲明每一条线条代表的趋势；

如果你要通过几个图表来进行比较的话，最好使用同样的尺度标准；

通常纵轴上面的量度标示是标在轴线上面并且包含了0起点；

当数字和趋势一样重要时，在直线上标上数字点并表明数字；

组合图表

在有些情况下，一个单纯的图表并不能完全表达你的思想。这时候，有什么办法可以多方兼顾呢？

我们先来看看下面的这两个图：

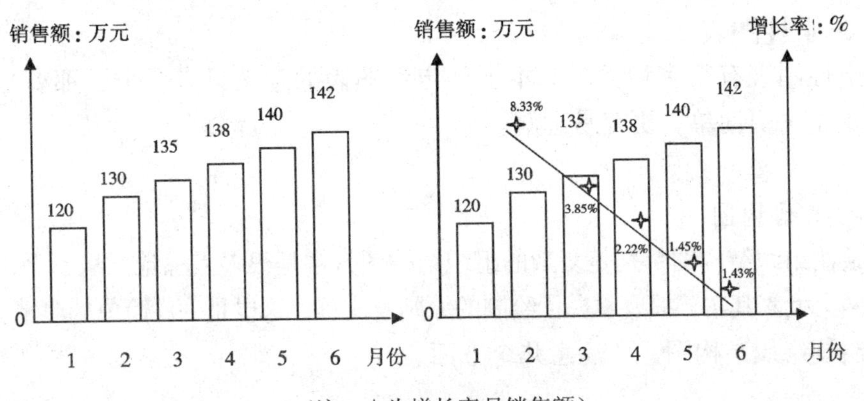

（注：☆为增长率月销售额）

月销售额图

第1个图表达的是中国的GDP在不断的增长。这个事实每个人都不怀疑。你的听众难道只想得到这样一个信息吗？

第2个图表又表达的是什么？中国的GDP在不断的增长，但是增长的速度在不断的减慢。好极了，这就是演示者真正想表达的思想，也是听众真正想知道的信息。

显然，第2个图表比第1个图表做得更加聪明。

另外，我们还可以对图表中的某一部分的内容进行细化分析。看下面的图表：

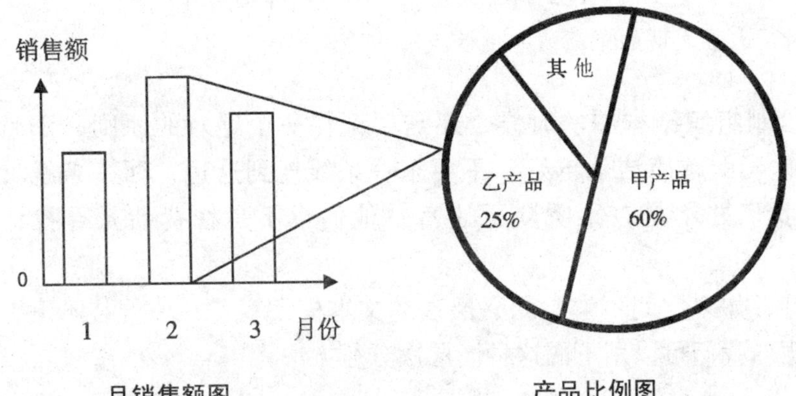

月销售额图　　　　产品比例图

从以上例子我们可以看出，结合图表其实能够深化和细化内容，还能节省空间，提高效率，真是非常有用的一种工具。

◆ 定性图表

定性图表有很多种类。基本上，定性图表的意义只有一个，那就是使事情看上去更简单，更容易理解。

组织结构图

绘制组织结构图特别是复杂的组织结构图常常是很多人感觉无从下手，一个头两个大。其实，只要掌握了绘制的原则及流程，这也是一件简单的事情。

绘制组织结构图，要注意几个方面：

使组织结构图不同的各层之间层次分明，使同一层次的图形保持在水平或者垂直位置上；

尽量使用垂直线或者水平线，而不是对角斜线；

使用线来避免交叉线造成的杂乱；

可能的话，使同层位置上的文本框保持同一个高度和宽度，如果框内文字太多的话，可以加宽文本框；

用不同线型的线来揭示不同的关系；

如果图表非常复杂，一张幻灯片无法正确显示，那么可以画一个预览图在旁边提示本张幻灯片上的图表是整个图表的哪个部分，将整个图表分割成几个小部分，放到下一（两）张幻灯片中去，分别进行详细解释；

保持层与层之间的距离的一致性。

在绘制组织结构图的时候，还需要记住一个绝对的原则，那就是：越清晰越明朗越简洁就越好。不要东一条线连到这边，西一条线又引出一条，我们并不是在跟听众玩迷宫，他们也不是在费劲儿寻找什么秘密。

还有，如果空间不够，同一层次的文本框太多了，一行装不下，那么怎么办呢？我们可以用下图这种同层次分行方法：

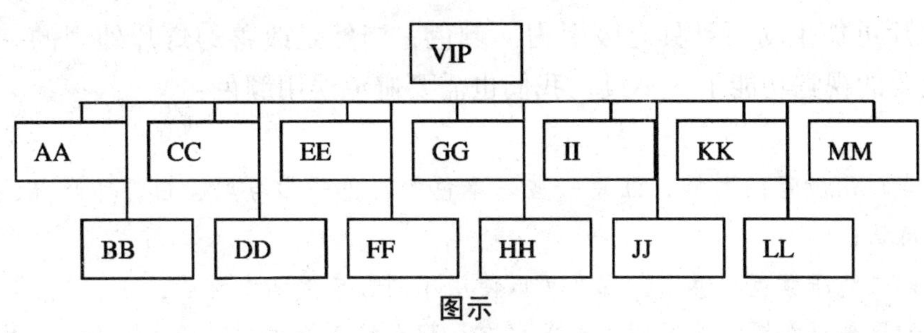

图示

流程图

流程图可以表现一种流程，也可以表现一种发散性的渠道。流程图的绘制须遵循以下原则：

用箭头标明流动的方向；

用不同的线型表达不同类别的流动；

用不同形状的框体展示不同的功能/职能；

可以在箭头上加上百分比来表示分支渠道的分离；

组织结构图的一些原则同样适用于流程图，比如线条格式，文本框的高和宽等等，还有使图表简单明了，通俗易懂。

矩阵图

矩阵图是一种对构成部分进行分别的强大武器。它不仅限于2×2式的矩阵，而是可以有很多自由的应用如2×3, 3×3等等这些格式。

在绘制矩阵图的时候，要确保已经在纵轴和横轴上已经清楚地标明了他们所代表的衡量对象。这样才可以让人们很容易的从最左上方和右下方看出“最好的”或者“最高的”。如果需要的话，在所要聚焦的那一部分填入颜色以引起注意。

◆ 特效

颜色

特效是指一些能够使演示充分视觉化的PowerPoint功能，它们能够使幻灯片更加生动而且具有吸引力。颜色，当然是改善幻灯片外观的一种非常重要的视觉功能了。不过，我们也需要避免误用颜色：

当运用颜色的时候，注意一些基本色的灰色阴影与黑、白打印色相混淆，不易辨认；

如果纯净颜色不够用，那么可以使用不同颜色的图案模版；

如果需要在黑暗的区域里置入文字，那么就要将文字设置成白色；

不要在组织结构图、流程图中过度使用颜色，而只需填入白色就好。

强调

要表示强调，有许多的方法，其中一条便是填充颜色，其他的则有：

用箭头指向要强调的目标。但是千万别把箭头画得太大和太丑；

在要强调的图形或者文本加阴影。不过阴影的浓暗度需要温和、恰到好处。实际上，装饰是可以的，但是装饰太过了就会令人生厌；

将要强调的内容从文本框中提出来进行单独阐述，这样会对更详细的演示有好处；

如果想要对一群的图形进行强调，那么就画一个长划线框，把所有要强调的图形围起来。

第一部分　演示

第五章　精品PPT实例赏析

PPT所特有的线条感、图像感，使得PPT日益成为一种艺术化的表现形式，一种新的思想媒介，它为思想内容提供了崭新的表现形式。精美的PPT大多能使抽象的思想内容更加具体化，

使枯燥、纷乱的内容变得条理，生动，有趣，更易深入人心，获得认可。

纯美艺术型

用人、路与路标等相关图像的给合形象生动地体现出“职业方向感”的主题。整个构图如一幅水墨山水画，色彩对比强烈，主题突出明显。

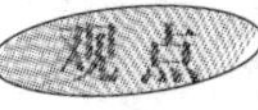

有一些比较倾向于感性、人文方面内容的演示，为了突出主题的风格色彩，会采用艺术的纯美设计格调。他们用非常形象而生动的图像、字体、符号等等，展现出与思想内容相符的画面，不仅给听众以美的视觉享受，更给听众以强烈的感性刺激。而这种源于感性刺激的感性感受渐渐的演变为理性感受，展现出演示内容从心开始的强大说服力。

逻辑结构型

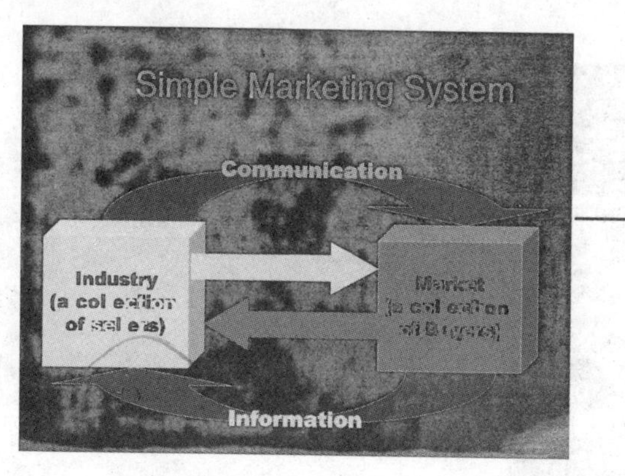

用不同的箭头清楚明了地展示了市场与产业之间的循环性流程关系。三维图形使视觉厚重而有质感，突出了论述对象。

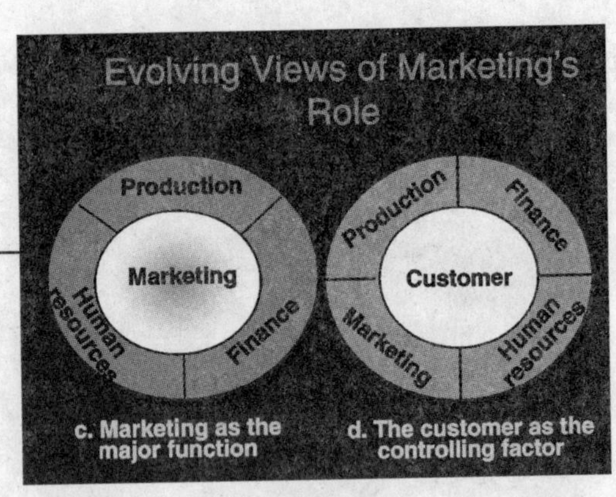

“圆中套圆”，形象地展现了以营销和以客户为中心的两种不同观点。图形的双层叠加充分显示了各因素重要性的不同层次，各层颜色效果的分别运用更加突出了重点。

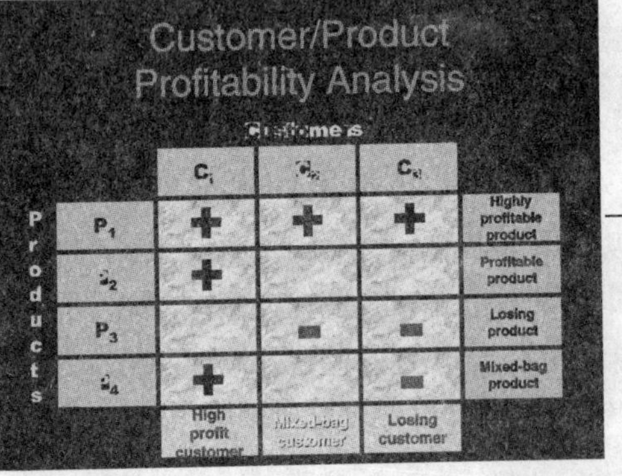

由几组产品和几组客户群对应的不同状态，分析得出在各组客户和产品身上赢利的可能性。整个矩阵分析简洁明了，不同色块和不同颜色字体、符号的使用，使版面泾渭分明，清晰可辨。

同样是矩阵分析，因为用了鲜明的颜色对比，以及形象的视觉比喻（“明星”、“奶牛”、“狗”等），使整个版面设计形神兼具，活泼生动，生机盎然。

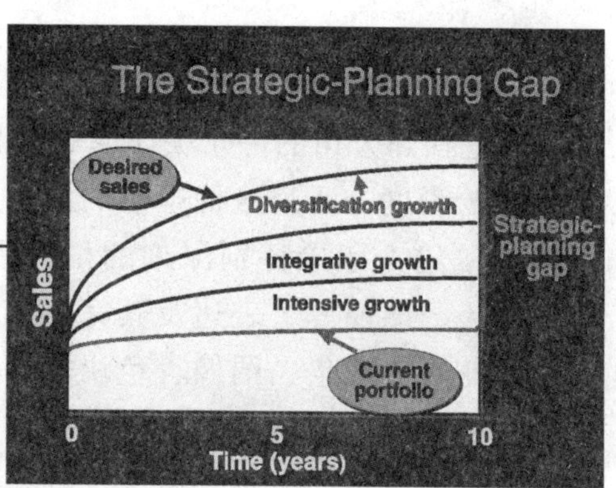

曲线的运用使一段时期内的目标计划，以及目前状况与目标的距离层层细化，一目了然。而显眼色块中的特别标示以及鲜艳括号的使用更进一步突出了现实与计划的落差。

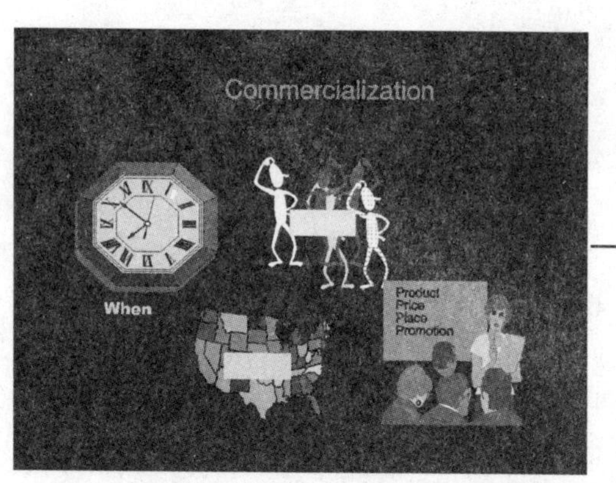

文字不多的版面，充分发挥图像的优势。图文并茂，文字、图像相辅相成，融合一体，生动形象，给人以美观、明朗的视觉感受。

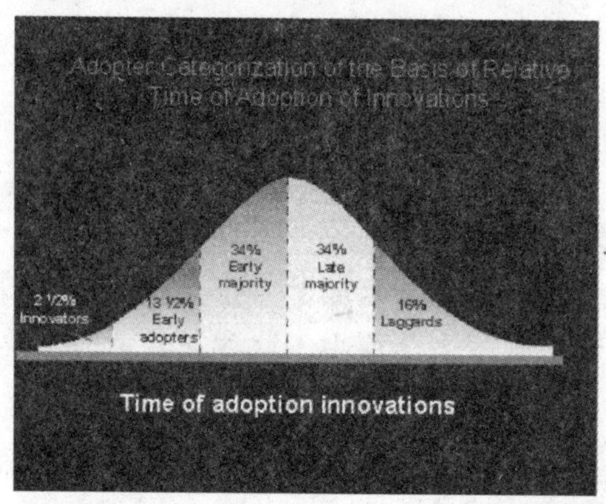

将曲线演绎为区域，用不同的颜色填充效果将不同的区域表示为按采纳革新的时间先后划分的创新采纳者的几个类别。版面安排合理，内容简洁明了，线条、色块美观大方。

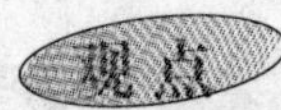

这是杜邦公司的一个关于营销的演示稿其中的几张幻灯片。无论是演示思想的深度，还是这种思想的演示展现形式，都堪称令人叹为观之。这个演示稿给人印象特别深刻的是将缜密的思维与淋漓尽致的图画（流程图、图表、图像等）表达及其完美地结合在了一起。每一个细节（颜色、箭头、花纹、线条、图像、色块等等）都充满了人性化的设计理念：为了让听众更好地理解演示的内容。在这个演示当中，即使是枯燥的数字也因为制作者用线条、色彩等做的形象勾勒而变得平易近人、通俗易懂。我认为，这个演示稿是逻辑思维与形象表现的令人赞叹的融合。

活泼生动型

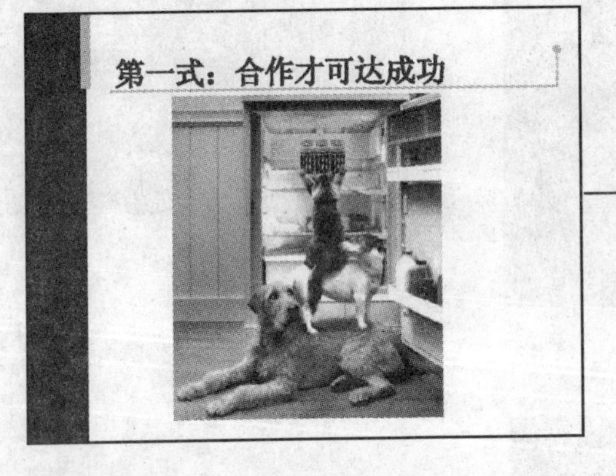

成功励志的题材。一句铿锵有力的话语，一张奇异可笑、趣味盎然的图片，无需太多赘述，一切意味尽在不言中。

观点

这是联想公司“成功36式”演示中的一张幻灯片。纵观整个演示稿，正像你从这张幻灯片上面所看到的，全都是一句警言加上一张充满趣味的图片构成。由于演示的时候，听众的绝大多数眼光会集中于这些非常引人发笑的图片，所以演示稿的主体俨然已经不是像以往的演示一般的文字。这就是这个演示稿的特别之处。不过，话说回来，也许只有这样法则罗列式的演示才

能够这么轻松自如地用图片代替文字来表述思想吧（也许这些演示内容很浅显，无需显示在演示高上听众也能够完全听懂）。但是，不管怎样，这是一种创新，另外，我想，从如此之多的趣味图片中我们也足以可见演示制作者的良苦用心了。

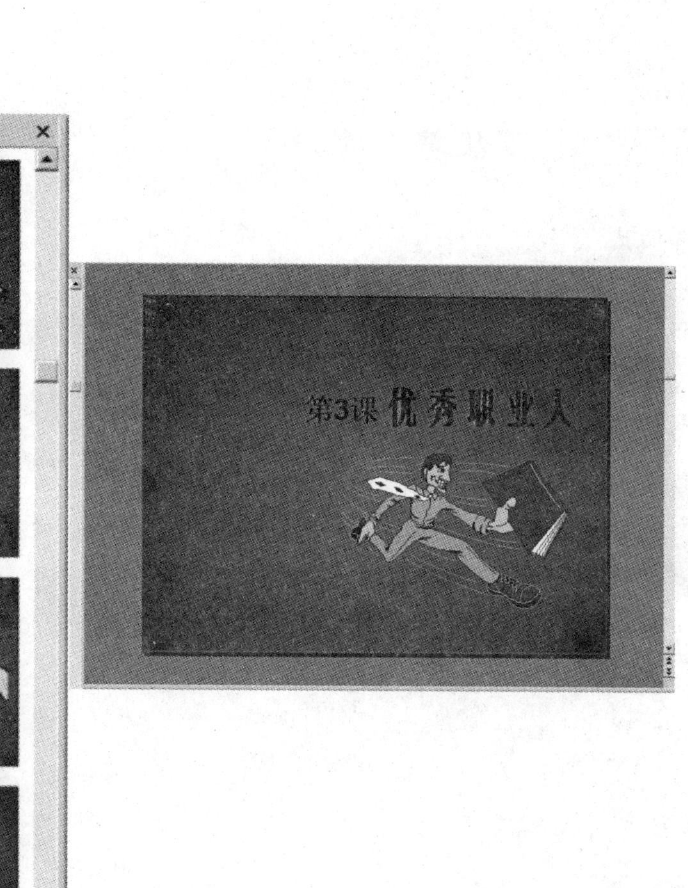

第一部分 演示

第六章 沙场大点兵的战前准备

1

“上帝只青睐那些有准备的人。”实际上，前面所讲的演示工具的选择、演示文稿的制作等都在演示准备的范畴之内。而随着现场演示的临近，我们更要来一个沙场大点兵，不仅要使自己在主观上对演示内容胸有成竹，更要使各种设备的安装、会场的布置进入适用状态。

准备性模拟演练

“台上一分钟，台下十年功。”一个演示者在为了准备一场演示，需要在内容制作方面花费很大的心血。而为了能够将这些演示内容在现场演示中受到预想的效果，演示者还需要在模拟演练中苦下功夫。使自己对所要演示的内容、思想烂熟于心，这是演示前最大的准备。

模拟演练的任务是要在反复的演练中发现自己语言、态势和思想等等的强势和弱点，并进行及时的更换和调整，以利于现场演示的更加完美。模拟演练具体可以分为五步来操作：

◆ 第一步：集合模拟演练工具

首先，要准备好关于演示内容的材料。如果这些材料都是自己思想的总结和归纳，都是自己亲手制作，那么显然这些内容会更容易地成为我们潜意识中的东西，因此会使演练更顺利。准备好这些材料可以有效防止演练过程中的“迷路”现象。

除了内容材料的准备之外，还需要一面镜子和一个懂得评价演示的“人镜子”来提供反馈，促进改善。这个“人镜子”不仅需要有一定的演示鉴赏力，更需要有高度的责任心，在完整的一个演示回合中能够有效的充当反馈者和挑剔者的角色。

另外就是时间方面的准备。因为每个人的禀赋和基础各不相同，反复演练的过程长短并没有一个标准而统一的时间。通常来说，实际演示时间和演练时间的比例至少应该是1：30，也就是说实际上台讲的1分钟内容，在台下需要30分钟的反复演练。而这只是一个比较保守的估计。

◆ 第二步：诵读规划演示

诵读，利于理解，利于记忆，直至倒背如流。在演练当中，诵读是一个基础性的过程，它的重要目的是对材料和表达这些材料的顺序的掌握。同时，这也是调整演示内容的重要机会，借此也可以确保所有的内容如希望的那样得到恰如其分的传递。诵读可以按照五个阶段来逐步进

行。

低声诵读

对自己所要演示的内容材料进行低声细吟慢读，并在此过程当中，充分领会每个知识点所要表达的观点和思想，所要达到的效果，琢磨句子、词语的含义、气势、语气轻重、节奏和押韵。除了安排专门的时间演练之外，将材料随身携带，充分利用零碎时间是快速提高演练水平的有效方法。

高声诵读

通过有效的低声诵读，对材料有了较充分的理解，相当熟悉了之后，需要对材料进行高声诵读，并进而进入到背诵的状态。高声诵读不仅利于有效的记忆，而且能让自己的情绪日渐接近临阵状态。通过这种方式也能更容易地发现自己记忆和表达的不足，达到对演示内容信手拈来的程度。

快速诵读

在能够比较自如的高声诵读的情况之下，需要达到另一层境界，那就是令自己的语言表达优美流畅起来，如高山流水般一泻而下，偶有急流，偶有缓溪，却是浑然天成，欢畅宜人。所以，在演练阶段需要进行快速诵读的训练，限定时间，在保证快而不乱，快而不错的前提之下，一步一步地加快语速直到找到合理而恰当的语速和节奏。这样的快速诵读不仅能够锻炼高度灵敏的思维，保持有效而又牢固的记忆，最重要的是可以培养出卓越的语言表达魅力——高山流水，气势磅礴，一气呵成。

模仿角色诵读

一个演示者并不一直只是站在自己的角度去说话，有时候需要转述别人的观点，有时候需要举例子表现别人的行为和言辞。这一切，如果演示者能够完全投入到别人的角色中去演绎，用不同的语气、语调、神态和动作表现不同的人，甚至用动画的形式来表现一个故事等等，会使整个演示变得更为生动和有趣，令人喜爱。因此，通过模仿角色诵读，

可以使演练者的语言进一步从流畅走向生动。

面对听众诵读

演示最终是要面对听众来做的，因此，诵读阶段最后仍然要进入到面对听众诵读上面来。面对听众诵读，不仅能促使自己读得更认真，也锻炼了自己面对听众的坦然心态。最后，我们需要达到的目标是能够用正常的语调大声地、清楚地在人群中讲话。

诵读是一个熟悉材料的过程，刚开始的时候可以完全对照讲稿诵读，是到最后却需要脱离它们。

◆ 第三步：面对镜子演练

一旦熟悉了材料，就要开始对着镜子并且转向使用提示和道具来进行演练。也就是站在镜子前面，开始脱稿演练。或许开始的时候会感到有点吃力，但应该相信这是一个渐进的过程。当无法辨认方向，出现忘词，不知道讲到哪里时，一定要借助讲稿或者提示把它给弄清楚。PPT一般都是按照自己的演示思路进行制作的，所以它通常可以为我们的脱稿演示提供一定的方向性指示。

看着镜子中自己的“表现”，感觉是否能让人舒服？哪些地方会让人感觉到别扭？哪些地方需要进行改进？你的语调、你的重音是否正确的表达了该表达的意思？你的手势看起来自然吗？是否起到了加强效果的作用？道具的使用是否适时和恰当？关注不足，关注改进，这是面对镜子演练的目的。

值得注意的是，在演练当中，要尽可能地让自己的心态调整到与实际的演示心态一样，即使出现了错误也要当作现场一样进行纠正处理，然后将演练继续下去。千万不要一有点小错误就退回到原点重新再来。

◆ 第四步：在一个“听众”前演练

准备好一个“人镜子”给自己提出专业而有价值的建议。这个人可以是自己的家人也可以是朋友、同事，但是，无论如何，这应该是一个诚实、率直、能够为我们的事业着想、值得信任的人，因为他的任务是要为我们提供中肯的意见。一个“溺爱”自己的人也不是一个好人选，因为主观上对我们的认同感和偏好会阻碍他们对我们的表现给出恰当的

评价。

这个重要的“听众”的使命是什么呢？他需要做以下几件事总结如下：

● 默默地“反射”。

认真听，认真看，认真记录，但别打断发言。

● 记录。

听得不明白的地方和听的、看的别扭的地方。

● 回答。

演示完毕，起码要能回答两个问题：能否清楚的知道演示要传达的主要信息？还希望演示能够传达另外的什么信息？

这次需要把演练的场所搞得“仿真”一点：站在讲台上，用上所有的直观教具，“听众”坐椅子上与我们面对面，我们所有的小动作他都要一览无余。

在一个“听众”面前演练，从他那里得到关于语言、手势、神态等等方面的意见，在得到改善信息的同时，也能够得到肯定和赞扬，可以大大的增强成功演示的信心。

◆ 第五步：在一小群人面前演练

把家人、同事、邻居叫过来聚在一起，如果可能，也可以找一小群与实际演示时同类型的听众来支持演练。

同样的，我们需要尽可能创造一个同实际演示相似的环境：讲台、桌椅、道具，特别是与最前排的听众之间的距离。这样，就能感觉到自己的声音的力度是否能够传播得足够远？这个时候不仅要学会控制声音，使人们听起来舒服，还要学会注意听众的身体语言和反应，是否听不明白了？或者是很感兴趣希望这个内容讲得更详细一点？不仅如此，还需要预留回答听众提问的时间（或许这可以是自己预想到的听众可能提出的问题，让演练时的听众提出，来一回对答演练）。

如果可能，去将要进行演示的现场进行一次演练，那才是真正意义上的“彩排”。有了这样一次“彩排”，真正演示的时候会感觉到轻松自如很多。

但是，在演示前一天，演练应该停止。尽量少说话，让咽喉得到休息，这样才能保证演示当天喉咙的功能正常，同时演示当天随身带着薄荷糖，以保证给予嗓子足够的滋润。

演示风格的准备

在第二章“整理演示百宝箱”的叙述之中，我们淡到过要了解听众的资料状况，量体裁衣地选择演示工具。在第三章“魅力内容设计”当中也谈到要在清楚听众的年龄、性别、文化、职位、心理等状况的基础之上进行恰当的演示内容设计。而在演示开始之前，我们同样需要再进一步地了解听众的资料状况，以进行合适的演示风格的调整。

的确，我们需要最后的确定今天参加培训，评判演示的到底是些什么样的人，这样才能够清楚的决定是否需要对已经准备好的演示内容和风格等做一些适当的调整。关于演示的评判者的资料完全可以从演示的组织者那里得到。向演示的组织者索取一份听众的名单，了解他们的情况。具体来说，以下这些问题需要我们在准备演示阶段弄明白如左图：

听众资料调查

- 听众的人数有多少？
- 听众的平均年龄是多少？
- 听众的男女比例怎样？
- 听众了解你所要演示的主题吗？
- 听众是自愿来的还是别人要求他们来的？
- 听众都来自哪些行业？
- 听众有何先入之见？
- 听众有何文化特点？
- 听众有何共同点？
- 有多少听众认识你？

根据所获得关于听众的信息对演示适当的进行调整以迎合他们的需要，这有助于演示成功和获得好评。以听众的人数为例：听众人数少，演示者和听众就有充分的机会进行交流，还可以边演示边回答听众的提问，也可以有关问题征求听众的意见。但是听众人数多，演

示者与听众的沟通就只能以单向沟通为主，发言方式也完全不同。这时候演示者的发言一定要简明扼要，明白易懂，这样，才能保证绝大多数的听众对演示保持兴趣。演示风格、技巧对比表（如下表）。

演示风格、技巧对比表

根据听众人数，调整演示风格		
听众的人数	演示风格	演示技巧
听众人数少 听众人数不到30人，可视为听众人数少。大多数演示者在职业生涯的某个时候都有可能面对这样规模的听众来进行演示。	正式 在代表会议、针对潜在客户的推广介绍以及其他需遵循正式程序的演示。	● 演示开始后，与每一位听众保持目光接触。 ● 一直面向听众，这有助于保持听众的注意力。
	非正式 向熟悉的供应商或其他合作者、同事发言，以及开放式培训演示时，态度可以相对随便一些，气氛活跃能够促进感情和交流。	● 请听众提问题，以便与听众相互影响。 ● 允许听众做简短的发言。
听众人数多 听众在30人以上，可视为听众人数多。对于有经验的演示者来说，面对如此规模的听众进行演示反而更加容易一些。	正式 需遵循正式程序的演示。	● 要保证所有听众尤其是做在后排座位的听众都能听清、看清你的演示。 ● 联系、总结、突出和重复重点。
	非正式 可以自由发挥，无需遵循正式程序的演示。	● 保持较慢的语速，力求讲得清楚。 ● 内容广泛、扼要和简单。当别人提出要求时，再进行具体阐述。

形象设计与行头准备

演示者是作为一个专业人士去做演示的，多少具有点“传道授业解惑”和“为人师表”的意味。如果演示者穿着不符合商业礼仪、不得体、没品位，甚至衣衫褴褛，无疑是自砸招牌。试想，一个穿着只能遮住半截上身的衣服，裤脚踩在鞋底下，头戴歪瓜帽，拿个大破布包，上上下下口袋全都鼓鼓囊囊的装满不知是什么东西的东西，叼根香烟，摇摇摆摆的走进演示厅的人，这会给听众什么样的感觉呢？这种不专业的形象很自然也很轻易地，就失去了听众对他们本应有的尊敬。因此，根据自己演示的内容和定位对自己演示时的形象进行预先设计是十分有必要的。并且，这个设计好的形象需要你平日里进行熟悉和演练，与你本身的条件相融，在你演示的时候淋漓尽致地表现出来。否则，在演示的当天忽然改变形象，穿的衣服、戴的佩饰连自己都感到别扭和不习惯，何以得到良好的演示效果呢？如何进行形象设计和行头准备，我们总结了以下的方法与原则。

◆ 服饰颜色的选择

色彩顾问师告诉我们这样一个原理：任何东西，首先引人注意的不是形状，而是颜色。在衣着方面，颜色是最能够引人注目因素。我们注意一个人，首先是注意到他的颜色，而不是他的衣着的式样或其他的什么。所

以，演示者要设计自己的外表形象，首先要考虑如何恰当的利用颜色来装扮自己。

不同的色彩所引起的心理效应是不一样的，这就是我们选择颜色的指导依据。什么是色彩的心理效应呢？色彩的直接心理效应来自色彩的物理光刺激对人的生理发生的直接影响。心理学家对此曾做过许多实验。他们发现，在红色环境中，人的脉搏会加快，血压有所升高，情绪兴奋冲动。而处在蓝色环境中，脉搏会减缓，情绪也较沉静。不仅如此，颜色还能够影响脑电波，脑电波对红色反应是警觉，对蓝色的反应是放松。

不少色彩理论以及经验向我们明确地肯定了色彩对人心理的影响。冷色与暖色是依据心理错觉对色彩的物理性分类，对于颜色的物质性印象，大致由冷暖两个色系产生：

波长长的红光和橙、黄色光，本身有暖和感，以次光照射到任何色都会有暖和感，称之为暖色系；

波长短的紫色光、蓝色光、绿色光，有寒冷的感觉，称之为冷色系；

绿和紫在冷暖两色系之间，是具有中性感的色彩；

白色和银色有偏冷的感觉，黑色和金色有偏暖的感觉。

色彩的冷暖对比刺激人的心理，情感反应也异常活跃。暖色的视觉感受热烈、沉重、温暖。冷色的视觉感受冷静、清凉、神秘。夏日，我们关掉室内的白炽灯，打开日光灯，就会有一种变凉爽的感觉。颜料也是如此，在冷食或冷的饮料包装上使用冷色，视觉上会引起你对这些食物冰冷的感觉。冬日，把卧室的窗帘换成暖色，就会增加室内的暖和感。以上的冷暖感觉，并非来自物理上的真实温度，而是与我们的视觉与心理联想有关。

冷色与暖色除去给我们温度上的不同感觉以外，还会带来其他的一些感受，例如，重量感、湿度感等。比方说，暖色偏重，冷色偏轻；暖色有密度强的感觉，冷色有稀薄的感觉；两者相比较，冷色的透明感更强，暖色则透明感较弱；冷色显得湿润，暖色显得干燥；冷色有很远的感觉，暖色则有迫近感。

除去寒暖色系具有明显的心理区别以外，色彩的明度与纯度也会引起对色彩物理印象的错觉。一般来说，颜色的重量感主要取决于色彩的

明度，暗色给人以重的感觉，明色给人以轻的感觉。纯度与明度的变化给人以色彩软硬的印象，如淡的亮色使人感觉柔软，暗的纯色则有强硬的感觉。强明度、高纯度的色彩间产生冷暖对比，色彩刺激性强烈。弱明度、低纯度的色彩间产生的冷暖对比，则感觉平缓。

那么，从衣着方面来讲，在什么时候什么地方着暖色，在什么时候什么地方着冷色，如何有效运用色彩来表达情感以及控制听众的情感呢？根据一些成功人士的经验，我们可以得出以下的结论：鼓动性的演示色可偏暖色；阐述性演示可偏冷色；传授性、说服性演示可偏中性；庄严隆重的演示适宜穿暖色有厚重感的衣服；轻松休闲型的演示适宜穿比较明快的具有轻盈感觉的中性或偏暖色衣服。

一般来说，要慎重选择冷色。虽然心理学家认为：暖色能活跃思想，而冷色则使人深思。冷色能使听众宁静，思想更为集中。然而，如果是商业性演示，我想你最需要的是给听众一个热情融洽的感觉，而不是装扮得冷冰冰，活像在下逐客令。

◆ 服饰的个性与原则

不同的时节、地点和场合做不同性质的演示，演示者的整个装扮不尽相同。同时，这也取决于演示者的经济条件、文化修养和欣赏能力。但是，无论如何，应该参照相关的标杆，专业化的演示者应该对自己的演示形象作出比较标准化的定型。演示毕竟不是文艺表演，衣着并不需要追求漂亮和新奇，不需要用华丽的装扮来哗众取宠，而是需要一个整洁、大方和庄重的专业化、职业化形象。

不过，这并不是说我们要抹杀演示者着装中的个性美，相反的，我们认为个性美是以个人穿着打扮的最高境界。服装的个性美，是服装的外在形势与着装者的内在气质和谐统一的结果。因为每个人都有着自己不同的气质，即使同样是职业服装，不同的式样衬托出来的效果也不会一模一样。我们并不提倡演示者要在穿着方面标新立异，凸现自己的鹤立鸡群，而是希望演示者能够穿出个性，从穿着中折射出自己的人格魅力。

综上所述，演示者在着装方面到底应该遵从什么标准呢？根据经验人士的总结，演示者着装有3大注意：

（1）给人干净利落的感觉。

一般来说，听众投射到演示者身上的视线大都集中在演示者衣领以上的部位。因此，演示者需要特别注意自己的上衣领的干净和整洁，比如白衬衣衣领、西装衣领、领带需要给人一个刮净（刮净的意思，即是挺括干净，这能够给听众一个干净利落的感觉。）的印象，同时如果冬天穿了比较多衣服，也不要把所有的衣领都翻出来。

（2）使自己感觉好。

衣服是穿在自己身上的，自己舒服了，自己感觉很棒了，才可能由里而外的显露出自信心和优越感，而这正是一个当众的演示者需要的东西。

（3）不需要追求顶尖级穿戴。

演示者是用实力说话的，演示内容不过硬，其他的一切都只是徒劳。穿戴只是为了衬托演示者的专业态度，过分奢华等于浪费，是毫无必要的。无法得到一个有价值的演示，即使是让听众观赏一套价值连城的服装，他们也不会对这场演示表示满意。所以你并不需要有顶尖级的穿戴，而只需要一套合身的能衬托你形体的积极面的职业服装。

◆ 外表形象中的细节

一个专业的演示者需要花更多的时间对自己的外表形象做好细节上的演练。

站在镜子前面，思考一下：你要给听众留下一个什么印象？你要清楚地知道，如果你不修边幅，动作粗俗，即使是穿着名贵服装，听众对你的第一印象也不会好。第一印象是强烈的，并且很难改变，一旦你给听众留下了一个不好的第一印象，你大概很难再从他们那里得到更好的评价。所以，确定你要给听众留下一个什么样的印象，从穿着、走路、说话、站立方面给自己定一个标准，是演示成功的又一关键。

关于细节问题，实际上我们的目标可以概括为保证外表的整洁。外表的整洁比穿的什么牌子重要得多。所以，在外形的演练中你的一件大事就是确保你的衣服干净、平整，鞋子锃亮，头发整齐。如果你不花点时间来练习如何给自己做一个清洁和修饰工作，那么你就可能形成不修边幅的习惯。到了演示的那一天，如果你仍然给人不干净不整洁的印象，那么听众就很难认定你是这个演示主题方面的专家，你也许不能取得他们的信任和

敬佩。如图所示：

我们需要整洁的外表	我们不需要不修边幅的外表
头发整齐、衬衣和领带很平整、外套熨洗得很平整而且很贴身、裤子熨得很平并且折痕笔挺、皮鞋擦得锃亮。	头发凌乱、领带松弛、衬衣很皱、衬衣袖子卷起、裤子未熨平、穿休闲的或其他不合适的鞋、鞋子未擦积满灰尘或者挂着泥巴。

外表对比图

同时，在演示前的时间里，为了保证演示当天整洁的外表形象，我们需要做一些演练和准备：

（1）准备好梳子、牙刷、旅行熨斗、衣刷和鞋刷。这些是需要在演示的时候随身携带的，在课间休息的时候可以派上用途，保证我们自始而终都以干净整洁的外表形象示人。

（2）演示前一天要有足够的睡眠。这样可以保证演示当天有一个容光焕发、精神抖擞的面貌。

（3）平时注意细节的习惯。拉链要拉好，扣子要扣好，衬衣系进裤子里，平时养成习惯，演示的时候就不会感到不习惯。

（4）准备好一件外套。如果自己比较容易出汗，那么就不能只备一件衬衣上台。因为有可能需要用外套来隐藏汗渍。

演示工具准备

所有演示工具都需做大量的准备工作，但是它们之间也有些不同之处。书写板能相对较快地准备好，并能再次使用，多媒体演示则需作长时间的准备。总而言之，演示工具越复杂，所需的准备时间就越长。

为了更好地使用所选的演示工具，在演示开始前仔细准备好这些东西。包括报到地点和教室地点的标志、桌、椅、黑板、放映灯具、布幕教学用具的准备，编排课程表、学员名册、考勤登记表，准备证书和有关奖品以及有关考评训练成绩用的考评表及试题的准备等。这些工具更具体的还可能是：

指示屏幕、书写板、夹纸板、内容激光指示器（激光笔）和备用电池；
书写板上使用的油笔（红、蓝、黑）、黑板擦或特殊标记笔；
手提电脑；
领带式麦克风、音箱；
投影机（还包括投影机上使用的空白薄膜，如果你是把文稿制成胶片来演示）；
录音机、背景音乐金带；
备用的夹纸板；
接线板；
多媒体上用的备份软盘（U盘或可写光盘）和备用电线；
录像带或幻灯片的备份；
如果电器设备要拿到国外，还要准备转换器。

需要特别指出的是，为了得到更好的培训效果，一般需要整理和准备好分发给学员的各种训练教材及教材以外的必读资料。这些讲义、资料包括：

① 整理资料

又称为作业资料。通常所谓的资料就是指整理资料，就是将讲义的要点或补充说明经过整理写出来的资料。又可分为写上所有讲义内容和只写重点的资料两种。

② 课题资料

又称作业资料。是假设性案例或思考问题的资料，在授课途中发给大家，当作习题。

③ 资讯资料

又称情报资料。靠讲课无法完全说明的内容或专门用语的解说资料，用来补充讲课的不足，所以多在事前分发。

④ 摘要

所谓摘要就是只记下讲义的项目名称的资料。不写具体的内容，项目和项目之间可以记录讲义内容，可以当作笔记簿兼资料。摘要也有资料之外的讲义目录的意思。

在演示开始前，亲自检查以上要用到的所有设备的情况。制订一个应急计划以防它在最后时刻出故障。对于用来强化主题思想的高度复杂的演示工具，在正式演示前弄清如何操作。当使用高度复杂的演示工具时，偶尔可能会不幸遇上技术问题。如果自己没有技能，要确保有人能够当场帮助解决。值得特别注意的是，一定要带一些比较简单的工具，比如带上书面资料以备万一，而演示中必不可缺的演示材料一定要带双份。

演示环境的准备

无论我们打算把培训办得如何的非正式，对学习环境进行准备还是非常重要的。假如经常的受到干扰，房间里热得难以忍受，并且没有坐的地方，那么想在这样的环境下实现良好的培训，给听众传达信息的目的就几乎等于一种妄想。

而培训场所的内部设施，同样需要在培训开始之前配备和安装好。一个良好的学习环境对于培训的顺利进行绝对是有益无害。

我们的准备可以从以下几个方面进行：大环境因素、辅助设施、资料工具、场地布置。

◆ 大环境因素

大环境因素比如噪音、温度、光线、色调等能影响人的情绪和心态。良好的大环境能够在一定程度上提高学员的学习积极性，增强培训效果。

噪音

在选择场地的时候，首先要考虑到周围环境的影响。培训师们都喜欢一间无窗户的隔音房间，但这种房间并不多见。所以只能尽可能地挑选远离办公区域的地方作为培训场所，以避免机器、电话等噪音的干扰。

温度

确保房间温度较低。一旦有很多人挤在房间里，就会产生很多热量，而温暖的气温会使人很快就昏昏欲睡。而室内温度太高会使听者变得迟钝，特别是在午饭后。但是使听众胳膊上起鸡皮疙瘩的冷气又会转移他们对演示的注意力，想着溜出去。因此要在演示开始之前找出调节温度的办法。

此外，在培训过程中，氧气是极为重要的基本要素。无论是如何精彩的培训，都无法使置于恶劣空气中的听众保持清醒。烟雾弥漫或空气浑浊的房间也会使听者坐立不安。温度略低、空气流通的房间，是集中听众注意力的最佳环境。

光线

光线是影响培训成功与否的另一要素，保持房间的光线充足是最好的。自然光线是最适宜于工作的，但窗户在培训中可能会成为一种麻烦。学员的注意力会被分散，阳光照进教室时，听众会变得心不在焉。如果窗户确实存在，就让学员背朝着窗户。对光线的一般原则是保持光亮以维持最大的兴奋度。假如培训中需要黑暗的环境播放VCD、胶片等，那么一结束播放就应该马上把灯打开。

最好能让灯光照在演示者的脸上，因为学员希望能清楚地看到。产生在演示者五官上的那种微妙的变化，是自我表现的一部分，而且是最真实的一部分，有时，这种表现更胜过言语。另外，如果演示者站在灯光的正下方，脸上可能会产生阴影；如果站在灯光的正前方，脸上一定会有阴影。

还有，要确保自己知道灯光开关在什么地方，试试开关，据此可以决定什么时候应该开什么灯，什么时候应该关掉，而且是不是有些必须暗一点。确保照着屏幕的灯一定已经关掉。

最后，检查窗帘看看哪个可以升起以确保外面的阳光不会遮盖屏幕上的图像、干扰听众的注意力。

色调

一般来说，在狭窄的空间中，若想使它变得宽敞，应该使用明亮的冷调。由于暖色有前进感，冷色有后退感，可在细长的空间中的两壁涂以暖

色或者以暖色的灯光照射，近处的两壁涂以冷色或以冷色灯光照射，空间就会从心理上感到更接近方形。

◆ 辅助设施

安装好要用到的所有设备，并进行检查，制订一个应急计划以防它在最后时刻出故障。麦克风、投影机和屏幕是几乎所有培训中都会用到的，应尤为重视它的安置情况。

麦克风

麦克风经常被很多人固定在讲桌上，但是这样一来，当需要移动时，它就限制了我们的行动。比如，在要走向屏幕要指出图表重要部分的时候。所以，我们需要有一个颈挂式话筒或者夹在衣领上的微型麦克风，或者一个无线话筒，这样，就不会被讲桌束缚手脚了。不过，如果使用了无线麦克风，有一个重要的提醒，就是在不对听众讲话或者去洗手间的时候，千万千万要确保已经把它给关掉或者放下了。

投影机

安置投影机要考虑位置的高低、仰角及离银幕的距离。位置太高，易挡住听众的视线；位置太低，听众身体可能挡住投影机光线，使影像不完整。仰角太大，银幕上的图像会产生变形，且易出现卡片现象。投影机离银幕距离太近，银幕上的图像小，坐在后面的听众看不清；距离太远，银幕上的图像变大，但亮度降低，明暗对比度减少，影响观看效果。另外，没有两部投影机是一样的，也没有两部投影机的开关在同样的位置，同样也没有两部投影机的光亮度是一样的，因此，要确保试过投影机上的所有开关，手提电脑上的所有接头，所有遥控功能，要确保

电线不在过道上，或者至少被胶带固定住。再然后，用湿布清洁一下镜片、镜头和投影平台。

投影机工作时，受环境光线的影响较大，室外光线和室内灯光太强会直接使投影效果变差。在布置投影环境时应注意以下几点：

安置窗帘遮挡室外光线；

屏幕上方或近处光源应关闭；

墙壁、地板尽量不使用易反光材料；

局部范围照明，可使用聚光灯；

选择与环境搭配的投影屏幕。

屏幕

如果不假思索的挂上任一大小的屏幕，那么我们用的屏幕就会有两种规格：太大或太小。屏幕会有4种表面：不光滑、透镜似的、珠状或者半透明。

合理配备屏幕的方法是：对于不超过50人的，一般采用2米×1.8米的屏幕。对于更多听众的，可以选用大屏幕。除非是背投式，一般不光滑的屏幕会比较好。另外，透镜似的和珠状的屏幕会有较亮的影像，但他们只适合坐在屏幕正前方的观众。对于房间两侧的人来说，图像就显得越来越灰。在一个不光滑屏幕上，不管坐在哪里，图像密度都是一样的。

挂屏幕也要考虑高度、方向和位置。屏幕的高度要保证屏幕拉伸后的下沿和黑板下沿平齐。把屏幕放在房间较宽的一方，选在避免阳光直射，同时听众都能看得清楚的场地前墙的适当位置，这样，听众就不会感到受局限了。将屏幕上方向前倾斜，以避免投影机放在较低的桌子上导致屏幕上的图像变形。

无论何时，都要尽可能将屏幕挂得和天花板一样高，这样，后面的听众就容易越过前面人的头顶看到屏幕。

◆ 场地布置

场地的布置会影响演示的效果。仅仅几张椅子的摆放，就会产生亲近合作或者等级分明的不同感觉。演示前，选择最适合方案。通常这要取决于听众的多少，演示的内容，视频设备等，来规划场地。

安排听众座位时，追求适当的平衡是很重要的。首先要考虑的因素是听众是否可以坐得舒服，因为这个会直接影响他们的情绪和兴趣，难受起来可能会导致他们没等到演示结束就开始坐立不安。不过，也没有必要让听众舒服得如同坐在家里的软沙发里面直想睡觉。现如今比较理想的做法是为听众提供同样大小的硬座椅。这些硬座椅最好是有扶手的，因为长时间的坐硬椅子会导致背部酸疼，有扶手的座椅可以让听众偶尔靠靠背，搁搁手。如果有条件的话，最好能够提供桌子，因为听众也许需要边听演示边做笔记。最后，移开多余的椅子，要保证会场中的每一位学员都能清楚地看到投影屏幕和演示者。

在座位安排上，通常有以下几种模式：

影院模式

这种方式适用于规模较大、听众多的场合。听众越多，需要设计越多的通道，方便通行。要确保观众从场地的各个角度都能看到你的演讲。

教室模式

如果听众需要作记录，参与小组讨论等等，这种方式将非常适合，对于教学、培训等演示。教室模式更适用于较多的听众人数，而U型模式倾向用于气氛随意的培训场合。

会议模式

最普遍的小规模演示常采用这种方式，演示者可以根据需要，选择正式或随意的形式，还可以和听众保持交流。

具体来说，我们还可以将座位安排的方式细分为：

（1）"U"形

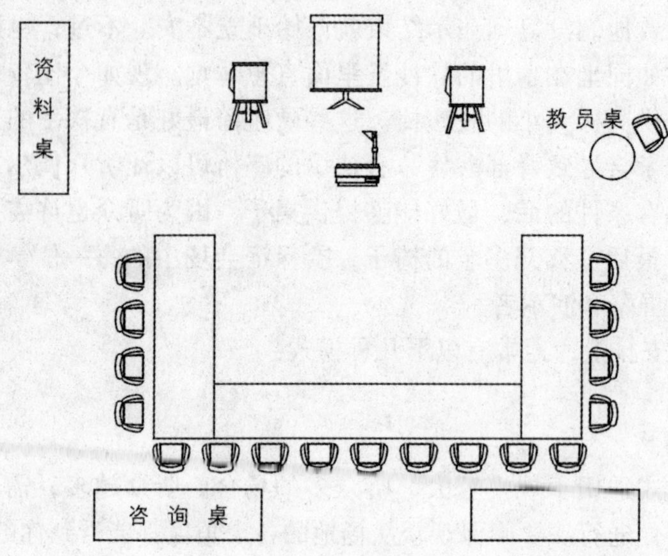

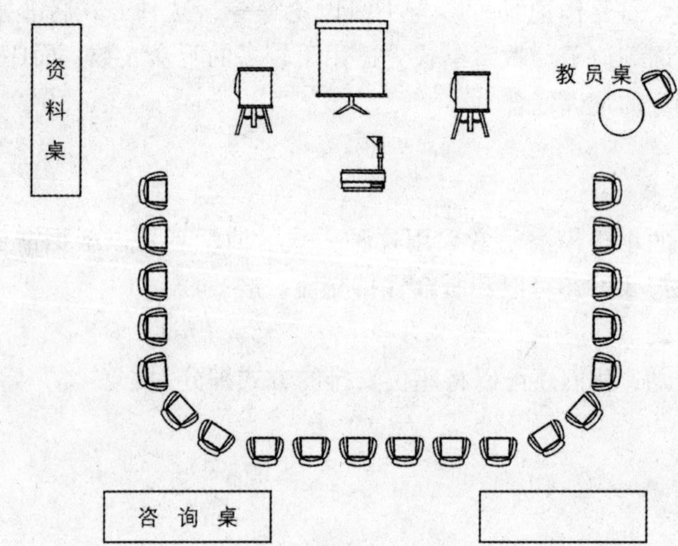

图示1

优点：严肃认真，演示者可以走进“U”字中间，一般来说，方便听众观看，同时比较标准且无胁迫感。

缺点：有些正式（需打破僵局），有些听众的视线会被视听设备挡住，前排听众看屏幕视线需转60度～90度，导致脖子疼，后排学员离屏幕与活动挂图远，可能看不清。

（2）“V”形

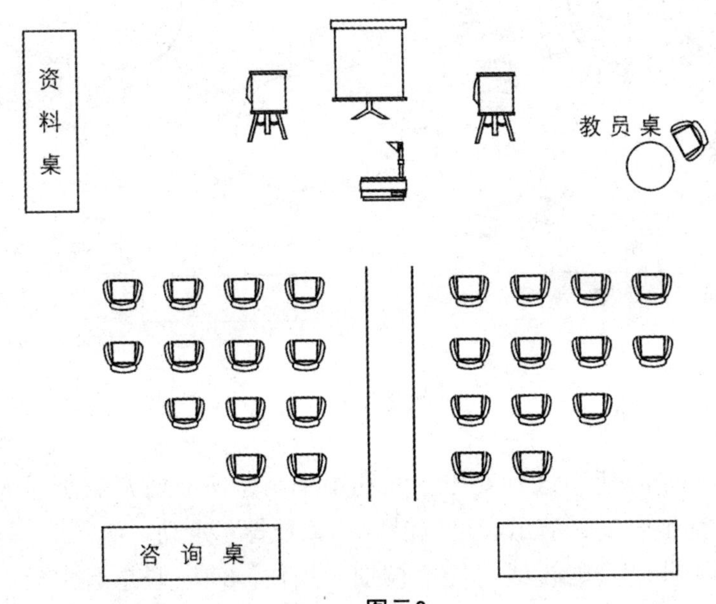

图示2

优点：视线最佳且防止脖痛，演示者与听众间最便于接触，不像“U”形那么正式且胁迫感更少。

缺点：需要空间比较大（要人数少才行）。

（3）鱼骨架状

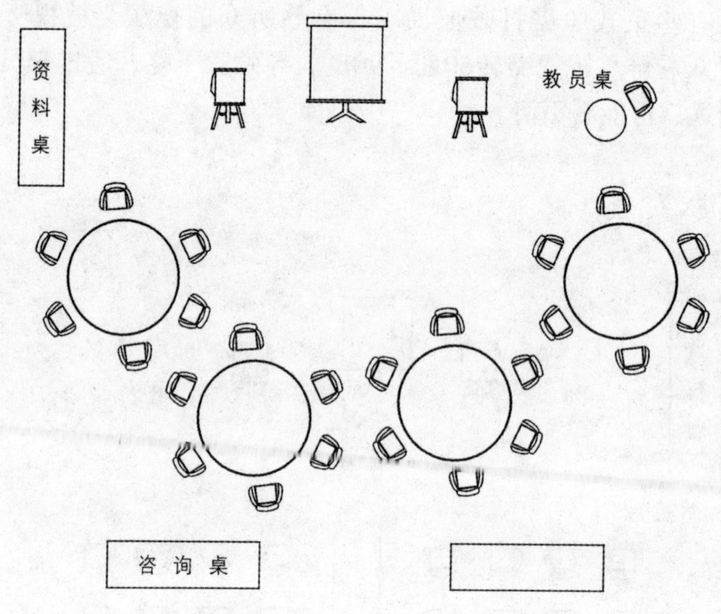

图示3

优点：人多时使用这种安排空间利用率高，所有听众看屏幕及活动图表等的角度都很合适，演示者可以沿着“鱼脊骨”走动。

缺点：一些听众的视线可能会被别人挡住，使人联想起学校，容易形成副作用的小团队，后排的人距离屏幕和活动图表等太远，听众与演示者之间的沟通较差。

（4）小组式排座法

优点：对团队构建阶段及讨论会最理想，非正式的，可以鼓励学员最大限度的参与和认同，鼓励思想的开放，演示者可以绕学员走动。

缺点：一些听众看屏幕及活动图表时视线不良，或可能总要偏离某个角度，容易导致注意力分散与闲聊，易破坏团队的认同感。

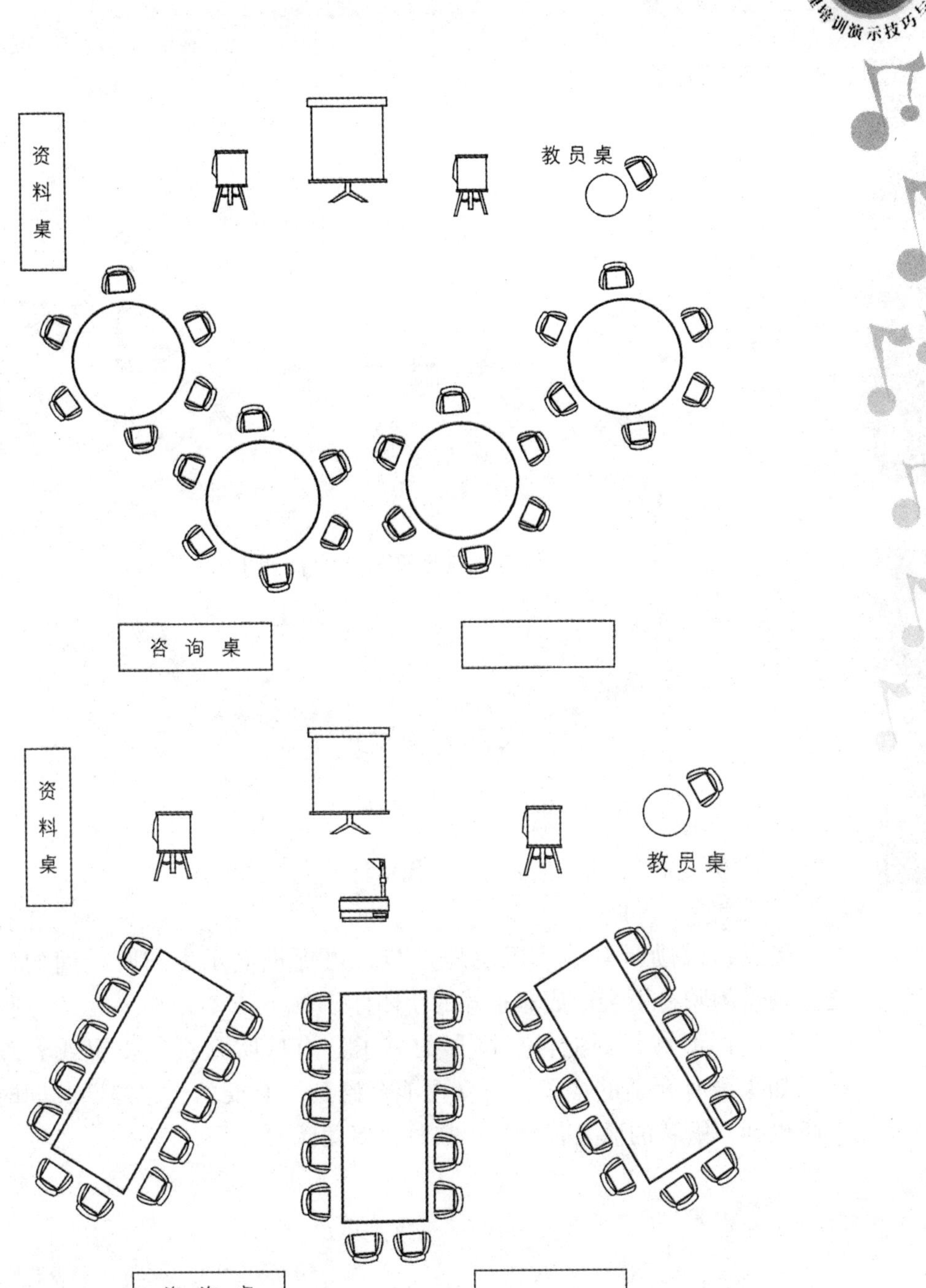

图示4

（5）圆形

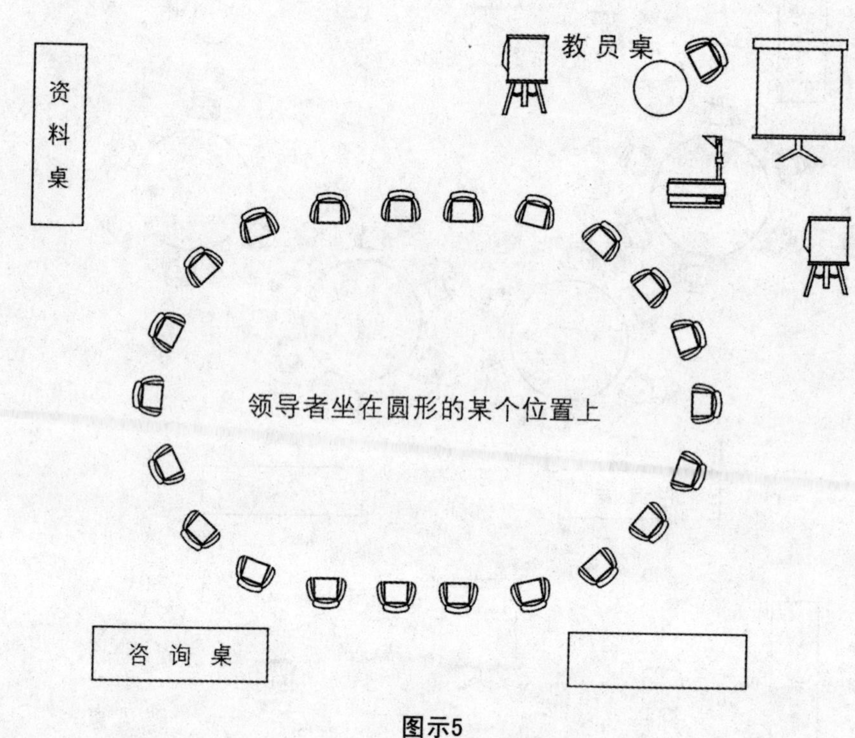

图示5

优点：鼓励听众最大限度地参与，可促进演示者与听众间的优良沟通，最难闲聊，不会形成非正式的小团体。

缺点：不易找到能排成圆形的桌子，有些听众视线受阻或者脖颈会痛，如果没有合适的桌子，听众可能会感到不必要的“暴露”，同时会使人联想到“敏感的而又善感的”临时拼凑团队。

（6）阶梯教室

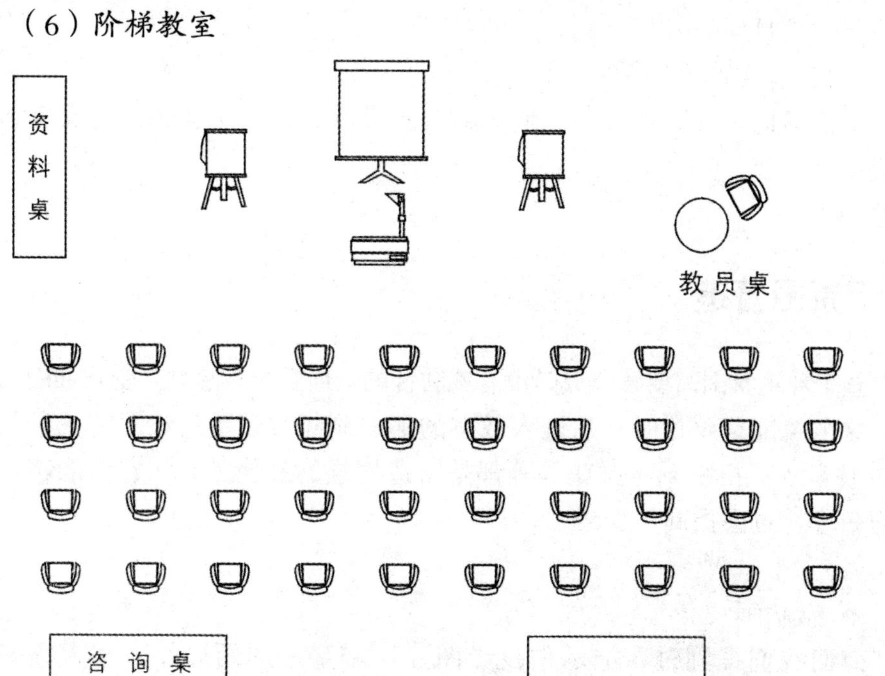

图示6

优点：如果房间设计得好，视野及音响效果会非常好，空间利用极为有效，适于讲座型的报告。

缺点：培训师与学员间沟通很差，除非座位设计是永久性的，否则一般的房间难以做到，后排必须加高，很有大学的味道。

另外，也有很多演示者选择这样进行操作：将桌子排列成“V”形，这样就打开了房间前面的空间；将桌子排在中央过道的两旁，这就成了“鱼骨形”；确保中央过道足够宽，这样就没有人的脑袋会挡住投射的图像；将多余的椅子挪开，这样就不会分散听众的注意力。

场地布置的注意事项

场地布置需要注意两个方面：

（1）事先查看场地

演示前检查一下要使用的场地，可以避免很多错误。确认房间的大

小，足够满足你的需要。

（2）满足演示设备的需求

布置场地时，要结合即将使用的演示设备，留出足够的空间安置和操作设备。

演示氛围营造

整个环境氛围需要营造成是没有威胁性的，而且令人感到是受欢迎的。

这个氛围是要让听众从进入教室的那一刻起，就感到欢迎的气氛。这种时候音乐、招贴画、鲜花等等都是营造气氛的最佳工具，它们能够帮助学习效率比过去提高至少5倍。

◆ **招贴画**

前面我们提到过，演示中投影图片，35毫米的幻灯片，和大幅书写都是非常不错的演示工具。但是，在会场中适当地布置招贴画能够更地烘托起整个气氛。在演示和课程开始之前，将招贴画布置在会场的四

周。这些招贴画围绕在听众的周围，能够刺激它们的眼球、神经和意识，不断呈现并把内容印在听众的记忆中，甚至在听众们并没有意识到它们的时候。

不过，考虑到演示之后环境保持的问题，我们并不提倡在墙壁上粘贴招贴画，而是鼓励通过展示架、易拉宝等等将招贴画展示出来。

◆ 色彩与鲜花

色彩能够引起人们的心理反应，因此在营造氛围的会场布置中需要注意色彩的运用。

红色是警觉的颜色，蓝色是冷静的，黄色看起来是理智的颜色，绿色和棕色有一种平和的效果，而且它是温暖和友好的。

鲜花是非常有用的一个道具，不仅色彩美丽，让人感觉到可爱，从而心情放松，并且散发出的清香同样让人心旷神怡。在许多营利性服务行业企业里面为了让顾客感觉到亲切，总是在顾客能够接触到的地方摆上鲜花。比如参加旅游团去中太平洋的旅游中心夏威夷，刚上岛就会被戴上用岛上鲜花做的花环，陷入一种热烈的节日气氛中。在演示之中色彩和鲜花营造氛围的功能是一样的，能够让听众感觉到心旷神怡。

◆ 音乐

音乐是营造轻松氛围必不可少的工具。只要我们细心观察就会发现，每一条国际航线都以让人感觉舒畅和平静的音乐来欢迎旅客们登机，直到安全示范开始；每一个典礼开始之前，都以音乐来营造一种热烈而喜庆的气氛。关于如何在培训中配用音乐的内容，我们将在本书第二部分“配乐”中详细介绍。

当我们走进一间精心准备的会议室的时候，如果那种轻松、喜悦的气

氛充满其中，那是在营造有效的演示氛围的第一步。正如参观迪斯尼乐园或迪斯尼世界，我们会立即被它的整洁以及整个气氛所感动。如果一个会议室还在用不舒服的直靠背木椅，而整个气氛是冷冰冰的，没有生气也没有色彩的话，听众是否会非常情愿地融人整个会场中来呢？

因此，会场不需要有完全的宁静，而是要营造一种分享以及相互交流的轻松气氛。

会场效果检查

好了，现在我们即将走上讲台了，没有退路。不过，在演示之前要对自己身上佩戴的和演示场所的装备、设施进行最后的一次检查和预备工作。开始前的准备也就是最后的装备检查。进行演示之前需要确认各项装备都能正常运作，不至于中途“闹罢工”。

记住，也许我们自己可以不直接的去参与会场的布置，只需交给组织者一份详细的会场布置图并且标明所有所需的设施，然后让他们去张罗就好了。但是在演示之前，会场布置的效果还是需要亲自去检查和熟悉。

◆ 演示内容的检查

优秀的演示者通常都是经过反反复复的练习才能在讲台上将演示做得炉火纯青。因此，通常来说，早一点到达和出席会场是比较有利的，除了早前的准备之外，在进行演示当天的路途中也不妨先对可能会发生的各种状况进行一下“估算”并考虑相应的对策，有条件的话甚至可以练习一下如何应对这些状况，这样不仅可以从容地打开行李或者巡视一下现场设施进行检查和准备工作，万一碰到问题也还有些时间、来得及处理。总之，在演示之前，演示者需要重新检查：自己是否已经对所要演示的内容、观点和材料熟记在心？是否对演示过程中情感的表达方式、态势等都能信手拈来？对可能出现的特殊情况做好了心理预警？如果发现了自己在某一个地方的纰漏，那就赶快进行“补救”吧！

◆ **视线角度的检查**

在演示场合中，最好能够在开始演示前先检查座位、讲台、屏幕及写字板的位置摆放、安排的合理程度，从而确认听众的视线是否能够正常而轻松地与屏幕、写字板和演示者保持高度的接触。因为一个一流的演示应该具有这样的视线标准：即使是演示者站在屏幕前，讲台下的听众也不会因此而看不清楚屏幕或写字板上面演示的内容。

◆ **灯光效果的检查**

演示厅也许有点像电影院，因为投影占据着很大一部分内容，所以，比较暗一点的室内灯光效果会比较好。在演示开始前，如果发现因为灯光太亮因而导致演示文稿投射、放映的效果不太理想的话，那么可以尝试将室内的灯光调暗一点，这样会能更容易地使听众的目光聚集到所放映的演示文稿上来。请记住：灯光原理和实践证明，如果想要一个需要尽情展现的物体最大限度地吸引众人的目光，那么最好的办法就是将室内其他地方变得黑暗，而使这个物体成为惟一的“光明的地方”。这也是为什么将室内的灯光关掉能让投影机投射效果更佳的原因。

◆ **多媒体工具的检查**

在演示当中，多媒体效果的确非常有用，但是一定要使用得恰当，“牛头不对马嘴”的多媒体效果只会令人感到莫名其妙。因此，也许我们在制作演示文稿的时候为了做得最好，在上面穿插了大量的图像、动画、音效等多媒体效果的工具。此时，我们必须再一次进行检查，对于容易引起歧义，或者与讲解内容无关，以及缺乏品位，不能够增加课堂情趣、帮助听众、观众理解的多媒体效果工具，要适时地处理掉。

◆**手提电脑的检查**

手提电脑承载着演示当中最核心的东西，因此在演示开始前不仅要检查电脑连接线、插座等硬件搭配，也要检查电脑里面的重要内容是否能够正常打开：比如演示当中需要播放的额外的一些视频文件等。同时要注意的是，在演示之前将电脑的省电功能关闭是一个明智之举，因为如果电脑

在一定的时间内没有接受到任何指令，处于静止状态，那么这个功能就会使电脑自然而然地进入睡眠模式。这对于演示场合来说是非常不合适的，演示者通常有可能不时地在一个问题点上讲话的时间有所延长，这样电脑经常性地进入睡眠模式，在观众看来整个演示就显得很不专业，并且让系统从睡眠模式回复到正常模式要花上一段等待时间，这也是一个浪费。

◆ **VIP位置的检查**

80/20法则是很普遍的原理，在演示中也不例外，一场几十位听众的演示，可能决定演示成败的就只有那么几个人。所以，在演示之前事先了解一下听众的组成和座次是有必要的。通过这个可以知道台下某几位听众的感觉攸关着整个演示的成败，就应该心里有底，记得在演示过程当中适时看着他们或听取他们的意见。不过在另一方面，我们也断然不能够忽略了一般听众的感受，而应该努力使两者之间取得平衡。

◆ **可能干扰的检查**

务必关上你的手机、呼机和任何无线装备，这样你才不会被自己的装备来打断演示思路。

上场心绪准备

好了，终于要上场了。一上台就急于讲吗？不是。一般来说，上台站稳或坐正之后，先巡视一下会场，与听众先无声的“交流”一番。这不光是礼仪，更是进一步调整自己情绪的良机。

话说回来，关键时刻，有很多人却会不自然地产生恐惧感。试一试以下的方法，让我们勇而不怯地上场吧！

◆ **呼吸，呼吸，深呼吸**

先感觉一下周围的氛围，然后呼吸，呼吸，再深呼吸一下。这样深度的调节转换性呼吸，能够将分散到听众身上的注意力转移回到自己身上，从而能够使人重新整理思路，清楚自己下一步的行动。

◆ 积极的自我暗示

告诉自己“我已经准备得很好了，我完全有能力做一个成功的演示”。重复性的自我暗示有助于迅速增强斗志和热情，提升自信心，通过自我的意志力战胜紧张和胆怯感，平息恐惧如下示：

重复性的自我激励

“这是我生命中最重要的一次演示，我一定能够全情投入，取得成功！”

“我平时的积累和准备很充分，我一定能成功！”

“我不是一个那么容易胆怯的人！我从来就能够在任何场合谈笑风生！”

“即使出错，一个诚恳的老师也会得到听众的尊敬！”

◆ 想象完美的成功

凡事往好的方面想，这就是乐观。乐观的人豁达，拿得起放得下，所以对事物的紧张和恐惧感往往要比悲观的人少得多。因此，要克服自己临阵的紧张和恐惧，想办法让自己的思绪停留在“完美的成功”上面，以增强信心如下示：

畅想完美的成功

你在演示中口若悬河，滔滔不绝，听众为你的博学所倾倒；

你的状态很好，就连站立的姿势、说话的语气、你的动作手势、你的神情无一不接收到了听众钦佩的目光；

听众们对你所讲的内容表现出极大的关注，他们专注而认真，不时记笔记，并且还极有兴趣的与你探讨问题；

你制作的投影材料等直观教具吸引了听众们的眼球，他们对此很赞赏；

你讲的笑话和故事引起听众们的阵阵笑声，他们为你的精彩演示而鼓掌。

◆ **与听众建立交流**

目光的接触是心灵上的握手，它既可让观众感到他们也参与其中，似乎你在和他们中的每一个人进行谈话。在怯场的时候，选择那种面带微笑、希望与你建立友好交流的听众，而不要选那种皱着眉头的人或者打呵欠的人，与他们每一个人进行目光的接触，或者是直接的言语上的交流。

◆ **激情迸发，热力四射**

如果你激情迸发、热力四射，你的听众也会因而情绪高涨，热情万分。相反，如果你情绪消沉，毫无感召力，你的听众就会变得兴致全无。所以，如果你期望自己能够驱走紧张，那就赶快换上灿烂的笑容，让自己亢奋起来吧！你的激情和热力一定会感染你所有的听众。

◆ **“一片冬瓜地”**

把周围所有的人包括你的助手、台下的听众等等都暂时撤出你的目光和思维以外，不去考虑他们。这就是将台下所有的人头都幻想成“冬瓜”，简称之“一片冬瓜地”法。

第一部分 演示

第七章 现场演示技巧

所有的准备都是为了上场的几个小时。当这个时刻来临了，我们需要怎样把握这个时机，更好地展现出自己最美的思想，最值得赞赏的观点呢？

在这里，我们重点讲述演示过程中的技巧。

先声夺人开场白

如何开场，才能吸引听众？取得先声夺人的好效果？
怎么样的开场不能要？开场不能落入的陷阱有哪些？
好开场用哪些标准来衡量？

◆ 开场技巧

以下我们介绍几种先声夺人的开场白技巧。

套近乎

根据听众的社会阅历、兴趣爱好、思想感情等方面的特点，描述自己的一段与听众相似的生活经历或在学习工作上遇到的问题，甚至是自己的内心烦恼、悲乐，拉近相互间的关系，如同家乡、同职业，同爱好，给听众一种亲切感。或者对听众说几句赞美的话，使人听了热乎乎的，容易产生与演示者在思想上，感情上的共鸣，接受演示意图。

逗笑

在演示的开始，一个开场笑也是十分有意义的。一笑则冰破，友好的氛围便形成了。如果严肃得像一头笨牛，眯起眼睛，哞！哞！叫几声作为开场，那就太令人难受了。

不过逗笑幽默本身在演示中的地位犹如糕饼上的糖霜和中间的夹馅，只能巧妙地穿插其中，它并不是糕饼的本身，如使用得恰当，就能收到意想不到的好效果。但千万不能“喧宾夺主”地使用过分。否则，演示就会变成相声。

讲故事

人们喜爱听故事，尤其爱听那些平常人在日常情况下碰到的故事。一般人更爱听演示者述说关于自己亲身经历的故事。也可以借用别人的轶闻。不过，一个故事是否有趣，不仅在于故事的本身，更在于讲故事的人

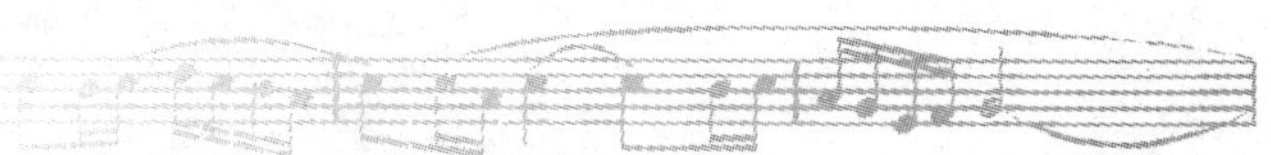

的讲法。培训师想以故事先声夺人，一是要确保这个故事非常新鲜有趣；二是要确保自己能够讲得非常生动。

引文

泰然自若地先引几句名人说的话，或者谈一些矛盾的事，使得大家笑一笑，提提精神，统一一下情绪。这是可行的。引语效果要佳，要简明扼要，又要出自听众可能听说过的某个人。如果演示的内容是现代企业管理方面的，引用我国古代思想家的圣言，自然不如引用现代世界著名企业家如杰克·韦尔奇，山姆·沃尔顿等的话效果明确。

举个例子，现在的你所要做的演示主题是“优秀员工职业态度”，那么为了强调工作态度的重要性，你可以引用美国心理学之父的威廉·詹姆斯的话：“你改变了你的态度，便可以改变你的人生。”

提问

设下有吸引力的问题，让听众思考、猜想，催生他们希望知道你的答案的急迫感。人们很快会拟订出一个方案，然后专心地听你的讲话以检验他们的答案是否与你的一样。这样开始演示，可以有效地吸引听众的兴趣和注意力，一下子就能扣住他们的好奇心并引人入胜。所以开场提一个问题的方法是开始一个演示的最简单也是最有效的方法之一。这是一种演示者们常用的开场技巧，的确是因为它非常有效。举例来说：在一个以企业主为对象、以“企业主思维与企业发展”的演示中，培训师用这样的提问开场：“如果有一天你的企业帮你挣到了不少的钱，你希望怎样生活？”

这时，可借大家思考之际，调整一下自己情绪。然后，让听众讨论发言。两分钟之后，继续他的高论：

“我们不同的人对怎样过有钱人的日子有不同的打算。不过我想告诉大家，现在世界上销售额最大的企业老板是怎么样生活的。沃尔玛不断扩大经营，山姆·沃尔顿成为全美首富之后，照样驾驶一辆破车，出差乘经济舱。这种勤俭的风格仍根植于沃尔玛公司的企业文化之中。尽管现在沃尔玛公司的市值已经高达2520亿美元，该公司的一批高级经营管理者也已是百万富翁，可是在简朴的公司总部丝毫看不出任何富得冒油和趾高气扬的迹象。比如公司总裁斯麦特的座车仅是普遍商务车，在出差时，为了节省钱，他还与同事共享一间

客房。此外，其他的管理者们也克俭克守，比如自倒垃圾，自付咖啡钱，就连开会用剩的铅笔也必须带回办公室继续使用而不会浪费。”

稍有好奇心的人，在这样的情况下，都会侧耳静听下去。

情境塑造

创造机会让听众马上进入角色，全身心投入，这就是情景塑造。特别是在一些模拟性，实战性的训练演示，会使听众通过积极思考和演练，很快认同并接受正在进行的演示和培训。

比如有一些以“团队制胜”为主题的演示，是这样表达的：

“想象你们坐在邻近位置的5个人为一个小组，每一个小组都穿行在长白山森林深处，地球即将毁灭，你们唯有按照提示，找到并取得藏在森林里面某一处的千年山参，才能够活命。你们的团队需要穿越丛林、跨过沟壑、攀爬山崖，穿插数公里。只有第一个到达并取得千年不老长生参的小组会成为胜利者，他们的组员将全部活下来；而另外的小组都会成为失败者，因为没有得到人参，所有的组员将失去生命。”

毫无疑问，此时此刻你不仅逗起了听众的兴趣，让听众参与了，而且还制造出一些紧张气氛。因为你使用了细节描述性的情景塑造，在听众脑海里一幅图画产生了。

放映录像

有条件的话，录像带和其他一样复杂的视听材料可以做成一个好的开头。尽管如此，在当今这个视觉形象的年代，那句老话：“百闻不如一见”比以往任何时候都在理。电影的剪辑片段也可以成为非常好的开头。

讲述新闻

时事新闻是人们每天都要关心的。新闻事件是很好的开头，因为人们对它们总是津津乐道。但是需要注意的是，这个新闻事件应该与你的演示主题有关系，并且可以让你很自然地对此事件展开演示主题内的分析。

比如，同样是有关团队的演示，恰逢在2004年雅典奥运会期间进行，演示者就可以这样开场：

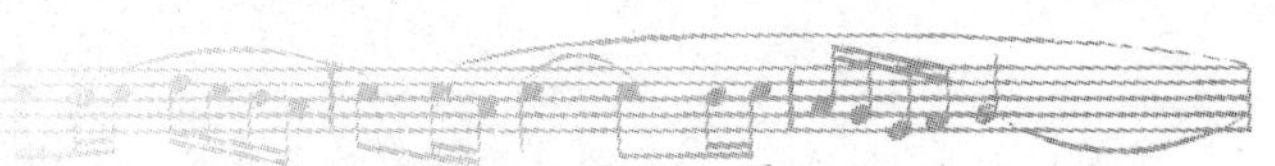

“昨晚，中国女排在在先输两局的情况之下绝地反击，重夺20年前丢失的冠军位！许多人流泪了，为这个坚强而优秀的团队而骄傲……”

再比如，以“企业公关策略”为主题的演示，有这样开场：

“12月3日，国家广播电视总局发出通知，要求各电视台停播耐克公司“恐惧斗室” 广告片。耐克公司是这样处理这个公关危机的：为问题广告书面致歉，但表示不会在全球停止广告的播放……”

使用这种开场白，你可将新发事件与你所要演示的主题内容联系起来。但要记住，就像鱼一样，成为焦点的新闻故事很快就不新鲜了。

统计数字

使用统计数字能马上抓住你的听众的注意力。统计数字越有戏剧性，收到的效果便越好。

比如在“薪酬设计”的演示当中，你可以这样开场：

“根据人力资源研究机构的调查结果，世界上百分之85%以上的人对自已的薪金并不满意。……这个数字说明薪酬设计在企业当中实在是处于一种非常艰难的境地。”

把数字放在一个意义的上下文中，运用数字来使听众吃惊地认识到问题的严重性或者必要性，这是一开场就吸引住听众的注意力的有效技巧。

抛出利益

经济学上面认为，人是一种理性的经济人，没有利益的事情通常他们不会选择去承担成本和风险。如果在开始演示之前，能够告诉听众他们为什么要参加这个演示，参加这个演示他们会有什么利益，那么，觉得多数的听众都会自动自觉地为你所提到的他们需要的这些利益而恭恭敬敬的坚持到最后。

例如，在一个以“电话行销”为主题的演示上面，演示者可以打出这样的开场：

“本演示以‘电话行销’为主题，将帮助诸位建立起自信的形象，掌握拓展和保留客户技巧，提升提高电话营销的成功率……”

综上所述，讲一个有趣的故事，攀一个与演示内容有关的实例或有关的偶然事件，预先说出一件事情的结果，拿一些实物给听众看看，提一个奇异的问题，引用几句名人的警言作开始，直接提出与听众有直接利害关系的问题，都比先来一番演说内容的梗概更吸引人。

◆ **开场陷阱**

以上介绍的是有效开场的技巧，而下面我们来谈一谈不应该怎么样开场，开场有哪些陷阱？我们怎么才能不掉进这些陷阱里面去？

妄自菲薄

开场的第一个陷阱是，一上场，张口就说：“我事先没有很好地准备，讲得不好，请大家原谅。我在这里简单地谈谈，肯定有错误，请诸位给批评指正，下面我就开始讲。”

这一类话，表面是借此表示自己的谦虚，其实是企图推卸责任。言不由衷，滑稽可笑。听众一撇嘴，想：既然要做演示，为什么不做准备？是因为根本就没把这个演示看得很重要吗？既然事先已经肯定知道有错误，为什么还要讲给别人听呢？又为什么不改正呢？利用这些空洞的“客套话”表示谦虚，是一种敷衍而没有诚意的行为。不能够给人留下好的印象，反而贻人笑柄。讲多了也浪费时间，总之，只能得到适得其反的效果。

“牛头不对马嘴”

有些演示者为了讨好听众，上得台来就生搬硬套一些“时髦”、新鲜的词句，也不顾及这些句子与他们所要演示的内容思想是否有关联。

比如，一个培训师所要讲的主题是“企业核心竞争力构筑”，但是他一上台便开口说道：

“女人通过征服男人来征服世界，男人通过征服世界来征服女人。诸位都是企业的老总，德高望重，功成名就……”

这一番话，不仅让人感到莫名其妙，更让人觉得演示者本身的修养需要提升，结果是讨好不成反而令人生厌。

漫无目的

一上台便开始滔滔不绝，从他小时候的故事说到孔老夫子小时候的故事，再从孔老夫子讲到莎士比亚的情史，讲到苏格拉底喝毒药而死……仿佛他无所不知，无所不晓，唯恐别人不知道他的知识渊博。一讲讲了大半个小时，还没进入正题。听众是云里雾里，没办法弄清楚演示的去向。被晾在一边，听长篇大论，但却不知到底论点是什么。

无用笑话

有些演示者为了与听众拉近心灵的距离，常常把自己的糗事拿出来让人笑一笑。不过，有时候因为选择不当，这些糗事不但不能够让人感觉到可亲，反而遭人埋怨“这跟我们有什么关系？！

比如，有一培训师上台便说道：

“我刚从泰国旅游回来，哎呀，那地方，一个旅游胜地啊。让我流连忘返，真不情愿回来。呵呵，实际上，我是因为签证到期了被遣送回来的。好了，不管怎样，我们今天的话题是‘如何成为一个优秀的主管’。”

知道用笑话开始演示固然好，如果能够将一个笑话讲得生动有趣，娓娓动听的话，可以让演示者一炮打响。不过，要知道，是否讲笑话取决于演示者自己，不过笑不笑却取决于听众！因此，如果准备的笑话与演示的内容关系不大，或者并没有信心能够将笑话讲述得生动有趣的话，那建议你就不要讲这些无用笑话了吧。

肤浅的话语

在英语国家里面，也许两个陌生的人在街上闲逛碰到了，双方都想聊一聊，可是又不知道从哪里聊起，就会互相用天气好坏来打招呼。

现在也有一些演示者学会了这一招，并且运用到了演示现场来。

“今天真是一个阳光灿烂的日子，是不是？”

如果演示对象是悠闲的老头老太太，或者是学校里的小学生的话，也许这句轻松愉快的话语会赢得他们的喜爱。不过，如果面前坐着的都是平日里行色匆匆的企业界奋斗人士，那么建议你来点更有深度的吧。当然，除非你的演示内容是要给他们减压或者创造放松的机会。

◆ 好开场六条标准

一个开头方式是否正确而恰当，往往是由演示的内容思想来决定的。不同的演示主题，不同的材料积累，会衍生很多形式的开场白。实际上，同一个人在不同的地方做同一个演示，开场白也是不一样的。除了以上所讲的关于开场技巧和开场陷阱的补充，还有许多开场形式值得我们去借鉴或者抛弃。

总之，衡量一个开场的好坏可以有如下标准，任何符合以下标准的开场都是好开场：

标准一：要能吸引听众的注意

演示开头成败的关键在于能否吸引并集中听众的注意力。演示时获取听众注意力的方式随题材、听众和场景的不同而改变，一般可以运用事例、轶闻、经历、反诘、引言、幽默等手段达此目的。

例如，在一个名为“财商”的演示当中，演示者运用了魔鬼词典的解释来吸引听众：

“财富意味着什么？魔鬼词典里面说，财富意味着犯罪而不受惩罚。”

标准二：要让听众明白关键术语

如果演示的成功与否取决于听众能否理解演示中的某些术语或概念，那么在演示开头时对关键术语加以解释就显得格外重要了。

例如，在一个以“打造明星团队”为主题的演示当中，演示者是这样开门见山的：

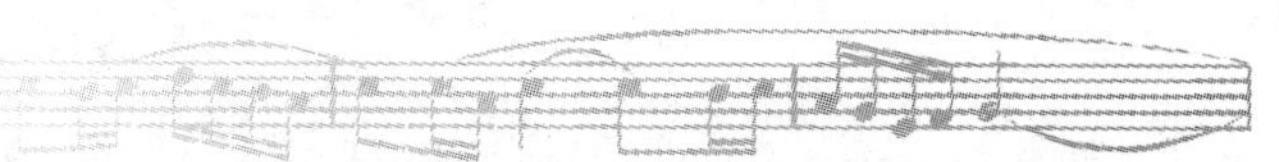

“团队，是指在工作中紧密协作并相互负责的一群人，拥有共同的效益目标。任何组织的团队，其包括五个要素,简称“5P”，即目标（Purpose）、定位（Place）、权限（Power）、计划（Plan）和人员（People）。”

标准三：要为听众提供背景知识

演示时，演示者被认为是专家或权威。因此，如果听众对演示的主题不熟悉或是知之甚少，那么很有必要在开头部分对听众讲述与主题有关的背景知识，它们不仅是听众理解演示所必需的，而且还可以体现出主题的重要性。

比如，以“学习型组织构建”为主题的演示，首先就对有关背景知识及其重要性作了介绍：

“当今世界，是一个知识爆炸的时代，伴随而来的是资源周转加快、工作流程缩短、知识经验彻底贬值、世界变小。社会现状从渔猎、农耕、工商社会演变成知识产业社会。从第三次科技革命开始至今，几乎所有人都被迫成为知识工作者。如果我们想要在自己的领域继续充分发挥优势，成为既富有又快乐的成功一族，甚至发展成为屹立不倒的产业精英领导人，其前提条件必然是得先成为努力不懈的知识工作者。这种条件下，必然要求无论是我们自身还是我们的企业在学习速度、学习内容、学习方式上都应当有突破性的进展……”

标准四：要为听众说明演说目的

在大多数情况下，演示的开头应揭示出演示的目的。如果做不到这一点，那么听众要么会对演示失去兴趣，要么会误解演说的目的，或者甚至于会怀疑演示者的动机。“优质顾客服务”演示主题的演示者在短短的15秒钟内便把他的演说目的陈述给听众：

“诸位，早上好。谢谢大家给予我这个露面机会。在今天，很多人已经认识到现在是一个以顾客需求为中心的买方市场经济社会了。残酷的市场竞争将无情的淘汰掉那些不具备竞争力企业，而只有少数的被大众认可并喜爱的企业能够生存下来。因此，怎样为顾客提供优质的服务？如何提高顾客满意度？实际上这是一个关系我们企业兴衰成败的大问题。那么，我今天就来谈一谈，我们的企业应该如何在客服方面做得更好，我们的客服人员应该进行哪些改

善……”

标准五：要能激发出听众的兴趣

从本质上说，听众是很自私的，他们只是在感到能从演示中有所收获时才专心去听。演示的开头应当回答听众心中的“我为什么要听？”这一问题。比如，一个演示者通过表达她对听众需要的关心和尊重而激发起了听众们的兴趣：

“很高兴来到这里，跟大家一起参加这个‘营销战斗营’。在两个小时以前，我还在上海，而在昨天早晨9点以前，我在台湾。为了能够给大家带来更多的有益的资讯，我先是将我差不多20年的营销实践经验统列了一遍，然后又跟我的许多优秀的朋友进行了讨论和借鉴。我想跟大家说的是我的职业是营销经理，而培训是我的志业，一生的志业！能够将自己的知识与经验传给天下的人，这是我的荣幸，也是我的志愿。所以，我问演示的组织者：‘今晚来听演说的人都有哪些？他们希望我讲什么？’他们告诉我在座的各位都是些很热心的人，希望我的演说有趣而富有启发性。因此，我将告诉大家一些有用的知识，我也同时希望我的演说简明扼要，并留给大家一定的提问时间。而且，当演示结束的时候，我一定会站在大门的出口，一一的送别各位，以感谢大家对我的支持！……”

标准六：要能争取到听众的信任

有时候，听众可能会对演示者的动机发出疑问，或是与演示者持相反的观点。在诸如此类的场合——特别是想改变听众的观点或行为时——要使演示成功就需要建立或是提高听众对演示者的信任感。针对这个问题，许多有经验的演示者提出了下面几条建议：

（1）承认分析的存在，但着重强调共同的观点和目标。例如：

“虽然我们不同的社会环境中生长，但是我认为，炎黄子孙共同的血液在我们的心中流淌着，中华民族东方文化的精髓在我们脑中深深的驻留着，所以我们实际上是非常容易沟通的。”

（2）对演示者的名声和所作所为进行攻击的行为加以驳斥。例如：

"这个世界上，许多人都是主观主义者，在还没有见到一个人之前因为听别人说这个人有什么什么毛病，于是就对这个人有了主观的偏见，实际上这是一种不好的思维习惯。在创新思维理论中，这是最容易形成思维禁锢的一个原因。在这里，我要说，事实胜于雄辩，事实将证明一切。"

（3）否认演说的动机是自私和个人的。例如：

"非常感谢某某单位提供这样一个机会。实际上，很早很早以前就有许多年轻的小弟弟小妹妹通过各种渠道来向我咨询，怎么样规划自己的职业生涯？本来我是不想出来做公众性的演示，可是后来可能是名声在外了，居然越来越多的人找上门来讨教。于是，我想了又想，还是决定把自己十几年来的经验积累传授给更多的上进人士。我希望，这也是我对社会的一点微薄的贡献吧。"

（4）唤起听众的公道意识,让他们仔细地去听。例如：

"在演示开始之前，我们要先形成一个共识。那就是为了保证会场的安静和有效，请大家自动将手机调到震动状态，以免当演示进行到正精彩的时候，您的手机发出可爱的铃声，影响您和其他人的听讲。谢谢各位。"

口头演示技巧

口头表达能力是培训演示者的三大修炼技能之一。即使是在体验式培训当中，培训师是否能够将自己的思想清楚而有效的传达给听众，也将决定整个培训的成败。

◆ RSVPP声音法则

大多数培训演示者不需要改善自己的声音，但需要知道如何有效地运用自己的声音。房间越大，听众越多，越需要用最佳的方式表现声音。要记住，一次发言与一首乐曲同出一理——发言是用声音诠释乐谱。

助记词头缩写RSVPP可帮助记住最佳运用声音的要素。

节奏（R）

以没有变化的语调、单一的节奏进行表达，很快就会使听众发疯或麻木。培训演示者要想让听众提起精神来注意自己的思想和观点，就需要为

声音注入活力，使其涨落起伏。有时需要用语句间的简短停顿产生出合适的节奏，有时则强调语句流畅，要正确把握。

语速（S）

关于讲话的语速运用有许多谬论。确实，很多人相信讲话速度快会更加富有生气，但真正的诀窍不是语速本身而是语速的变化，因而语速与节奏有关。变化的语速可以吸引听众并有助于集中精力。因此，人们以更轻快的语速说出容易同化的一段话，并用从容平稳的语速来表达复杂的思想，使听众有时间理解消化。

讲故事需要用动人的语速，语速还需要与讲话的音量相配，并随着音量的变化而变化。

音量（V）

音量的大小要依据正在使用的房间的面积和形状而定。同时，运用加大或减小音量的方法以强调重点并抓住和控制听众也很重要。

许多能够获得成功的培训师之所以没有给人留下印象，就是因为他们讲话的声音太弱。“讲话的开头”最好速度慢些，这有助于从容地调整自己的音量。一旦抓住了听众的注意力，便可以小心地降低音量，吊起听众的胃口，让他们变得急不可耐地倾听——特别在讲一个有趣的故事或提出建议时更是如此。

音高（P）

音高是一种将声音“抛出”使声音在房间所有部位都能被清楚听到的能力。如果不能正确使用嘴和嘴唇的肌肉，就会发出平淡单调的声音。所以要让嘴唇、嘴和下巴积极活动起来，给话语加上重音并清晰地说出来。试着将胸腔吸足气，把声音从胸腔提升到喉咙后部或头顶，比平时说话时嘴要张得大并提高音量（与大声叫喊不同）。这样就能够“让讲的话撞到墙后弹回来”。

停顿（P）

正确地使用停顿可以使声音最有效地运用。当培训演示者讲话的时候，可能会有一个或两个或三个论点。可以用诙谐幽默、严肃正经、讲故

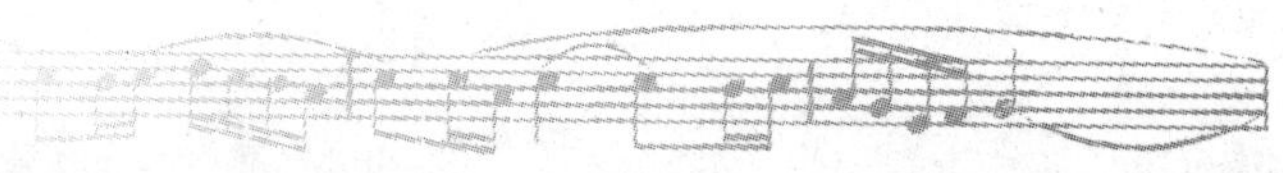

事、陈述事实或解释的方式讲话，但一定要围绕一个（或两个、三个）论点进行。音高要有所变化，但最重要的是不要忘记停顿，因为这是强调论点的最有效的方法。

停顿有什么技巧吗？是的。在讲话中有效地利用停顿，至少要停顿从1数到5——5个数的时间。停顿时间过短，是不会给听众留下印象的。

◆ PREP语言法则

说什么和怎样说一直是演示成功的关键。这里要探讨的是演示的人面对着听众而非读者，针对着耳朵而非眼睛该如何自然讲话的问题。

要使用简单易懂、舒服顺耳的词语，以保证讲稿或提示性便笺有助于讲话的自然性。演示时说话不一定要十分讲究语法，也并非总是要把句子讲完整，也可以使用在书面语言中并不标准的单词、短语和俚语。不过，在讲话中，培训师的讲话风格应该体现如下原则：一个有说服力的论点只需有一个理由或例证来支持所述事实，在说服听众时可以此作为论据的一部分。

一个有益的建议是使用具有说服力的助记法来安排讲话的结构，对问题作出简短机警的回答，突出重点及申明论据。这个词头字母助记缩写是：

P立场——申明立场或提出论点；

R理由——说明一个理由或若干理由；

E例证——至少举出一个例证或作出解释；

P立场——重申立场或论点。

我们可以举一个例子：

立场（P）：我认为中层管理干部应该注意授权问题……

理由（R）：因为这是提高工作效率，提升自己和发展下属员工的好办法……

例证（E）：将自己工作职责内一些下属员工就可以做的事情分给他们去做，可以让他们感觉到自己受到上司重用的成就感，继而产生强大的工作动力……

立场（P）：因此，我认为中层管理干部要学习授权的技巧……

◆ 口头表达的陷阱

培训师因为受社会风尚、交流环境、知识程度和语言修养等方面的影响和限制，在口头表达中或多或少存在一些不良的语言习惯。这些不良的习惯在培训演示当中，成为陷阱，造成演示中的不良沟通。

一概而论，乱戴大帽子

有一些培训师讲话的时候通常非常绝对“事情就是这样的！绝不容怀疑！”但是往往他们就是忽略了一个原则，那就是凡事总有例外。

比如，有人认为“为了避免员工由于惯性失望而导致执行力减弱，领导者永远不要向员工作出提前承诺！”

这句话有没有问题？乍一听，挺铿锵有力，像一句格言。然而，我们转念想一想，承诺有可能因为无法兑现而导致员工失望，但是承诺同样有起到积极作用的一面，那就是激励员工为能够实现的目标而奋斗。另外，我们再想一想，在企业成立的初期，特别是民营企业，在资金不雄厚、资源缺乏、人心浮动的情况之下，如果没有一个展示美好前景的承诺，除此之外，还能够用其他的什么来激励员工？

一概而论，乱戴大帽子实际上是一种投机心态下的懒惰行为。这种行为的主要原因是理论根基打得不牢，对复杂事物缺乏认真分析，而思想又比较贫乏、懒惰，往往是人云亦云。这种不良习惯往往把人的思想禁锢起来，使认识离开客观事物的真实基础，从而也使培训演示丧失说服力。

重复啰嗦，轮番轰炸

有的培训师，板着面孔，拿着训人的腔调，结果是“出口千言，离题万里”。重复啰嗦，“轮番轰炸”，对于这样的演示，听众无不蹙额锁眉，简直是如坐针毡，而演示现场也陷入了一种极为难堪的沉闷境地。

这个弊端的病根是什么呢？重复啰嗦毛病的形成，原因是多方面的。有的是思想贫乏，内容空虚，因为没有实在的东西，于是就把一些人所共知的思想反复搬弄；有的是因为语汇贫乏，无论表示简单或复杂的思想，其词汇量都不够用，所以就重复使用那些旧词。有的是因为思维混乱，前面已经说过了，后面又一遍一遍地重复。还有的是由于低估了听众的理解力，讲出来以后，生怕听众不懂，于是就反复交代，反复强调，使人觉得

腻味。因此，培训师要注意理清思路，突出主题，“立主干，去枝蔓”，提炼思想和语言，并注意口语表达的技巧，养成说话精炼、简洁的良好习惯。

夹带衬字或口头语

有些培训师在培训演示中常常带有多余的“嗯、哎、啊、吧”，“这个这个”、“那个那个”、“就是”之类的词，还有一些喜欢夹带“是吧”、“对吧”、“是不是”、“对不对”、“我对你说”这样一些口头语。这些口语中的糟粕都不应该带进正式的演示之中去。

这些词语对演示来说毫无作用，容易造成语言断续、停顿，影响听众情绪，削弱宣传效果，还可能损害培训师在听众中的形象和威信，甚至可能引发听众起哄、喧闹，导致培训演示的失败。

结结巴巴，颠三倒四

培训演示中的口吃现象，多发生在心情紧张、激动或者不自信的时候。紧张和激动使得培训师的思维和语言出现了不和谐不协调的情形。思维找不到适当的语言符号，语言不能准确地体现思维，于是，就出现了一些重复拖沓、断断续续的结巴现象。例如：“这个道……道……道理，我们要……要……要记住。”

克服这种毛病的具体办法，主要是保持冷静清醒的头脑，抑制不适当的激情，理清思维头绪，适当放慢表述速度，调节表述节奏，做到从容不迫，有条不紊，娓娓道来。

浮夸空洞

许多培训演示者喜欢讲大道理，但是又不能够用足够的论据来证明这个道理。于是就只是一味的大喊口号。这种情况下，很有可能引起听众的

不服。因此，将观点论述清楚，并用具有说服力的例证来辅助，向听众传达实在、有用的信息，是非常有必要的。

另外，选择朴实容易理解的词语，避免采用华丽浮夸的词藻。因为这些夸张的词语使培训师看起来缺乏信心，也无益于理解演示想要表达的内容。

实在和简单常常是最可行的方案。

过多缩略语、行话或术语

在培训口语中可以使用缩略语或术语。但在此之前要考虑台下的听众是否能够理解。如果不能确定他们所有的人都能明白，那么尽可能少使用这种词语，即使使用了，也一定要对这些缩略语和术语的详细意思进行补充说明。

有很多这样的情况出现在演示之中：职业中的行话，专用名词像机枪中子弹一样射向听众，也许对演示者自己来说很有意义而且很好懂，然而作为外行的听众却听得不明白，完全没有感觉，正像对着霪雨一般感觉到十分无味。

形体演示技巧

语言是非常重要的沟通渠道，但它在信息传达当中是唯一的方式吗？不是的，不用语言，我们依然可以有另外的表达演示方式。在2005年春节联欢晚会上的超级精彩节目《千手观音》就是一个例子。这些聋哑人，他们生活在无声的世界里，但是却通过多姿多彩的形体动作表达了内心对世界的爱，赢得了十几亿观众的掌声。因此，除了有声语言，形体表达同样是沟通当中重要的信息传递渠道。

人们把姿态，表情，主要包括手势在内的动作，称为形体语言。它直接诉诸听众的视觉器官，它不但和有声语言互为补充，还能给听众以直接的印象。有经验的演示者，总是善于把形体语言与有声语言配合得非常默契，协调得非常融洽，让形体语言忠实地表达自己的内心真情。

即使是一个普通的人，也无时无刻不在运用身体语言来传递信息。

比如，在一个比较陌生的聚会上面，因为没有什么熟识的人，我们通常会坐在角落里，然后将双手抱在胸前，静静地看着身边发生的一切。似乎并没有刻意的传达什么信息，甚至希望有人来搭话，但是在别人的眼里，他们却有着不一样的理解：将双手抱在胸前，如此的傲慢，拒人于千里之外！于是，这种不够热情的身体语言让许多人对我们避而远之。

所以，我们需要了解形体语言，同时掌控形体语言，以保证能够正确的传递本要传递的信息，而不至于受到误解。

确保形体语言能够准确表达和加强所想要表达的思想和内容，这就是形体表达在培训演示中使用的技巧。

◆ **站姿**

演示者一般都是站立着在讲台上面进行发挥，因此站立的姿势成为整个演示中形体语言很重要的一部分。

演示时的标准姿势是身体站直。两脚稍稍分开以保持整个身体的高度平衡，在手里没有任何物体的情况下手臂自然地垂下在身体的两侧。据认为，这是最无明确表态的姿势。但是一般情况下我们并不如此呆板，因为多数情况下，培训演示者的手里可能拿着激光指示笔，教鞭或者其他的什么。并且，我们可以调整姿势以更好地传递想传递给听众的信息。比如，身体稍稍前倾，这是一种可以传递出邀请、鼓励信息的姿势，会让听众觉得我们很友好。相反，如果身体往后倾，头自然就昂起来了，听众可能就会感觉到我们比较傲慢和消

极，甚至会觉得我们在对他们进行挑衅。另外的还有，交叠两臂放在胸前很可能让人认为是不耐烦了或者是受到了伤害，也可能让人觉得我们在放松或者是我们很冷漠。而握住两手自然交叠下垂在小腹下面，则可能给人一个很真诚、很有耐心的印象。

在整个演示过程中，站直、立正是最正统的姿势。这个姿势不仅有促进深呼吸，提高声音清晰度等生理上的好处，而且自己都能够感觉很“威武”，很“正气”，这样无形之中就使自己的精神面貌得到强化，提升了自己的自信心。而这种依靠身体肌肉和骨骼来保持的直立，也将除有效地传达给听众这样一个信息：“我是一个头脑清醒而有信心的人。”否则过于放松的肌肉，会让人看上去慵懒无比和精神萎靡总结如下：

正确的站立姿势

头抬起，摆正；双肩合并，保持水平；挺直脊背；收腹；收臀；两腿站直；膝关节放松，不要僵硬；两脚自然分开，保持身体平衡。

想象自己比现实中更加高大或者有其他的力量在把人往上拉，会让我们自然而然的保持精神无比的站立姿势。

◆ 手势

手势就是一种通过手的动作来加强传递信息的方法。人类的手势是在实际生活中逐渐形成和发展起来的，是情感表达到了一定程度的需要。当人们觉得单纯的语言已经不能充分的表达他们的情感和思想的时候，会自然而然地加上手势和其他的动作。比如说人们聊天聊得起劲了，越来越高兴，兴奋起来就不由自主地变成一边说话一边手舞足蹈的比划，唯恐别人不能充分理解自己的意思。

恰当的手势动作不光可以帮助培训师充分表达思想和感情，加强语言表达的效果，而且通过手的动作，可以更轻易地抓住听众的注意力，从而帮助控制现场。手势不仅是自信的表现，还是增强自信的方式。

四类手势

在演示当中，很多手势是根据内容的变化，随机性很强地出现的。如果能够巧妙运用，演示也会因此而更添姿彩。我们现在将这些手势分为以下几类进行阐述：

情意性手势。这种手势带有较为强烈的感情色彩，它能使感情更深化、更真切，演讲的渲染效果较大。例如讲到“如果员工不仅不赞同企业的文化，还在团队之中谣言惑众分裂团队，那么就坚决的把他从这个集体剔除！”这句话时，右手成刀形，从上而下挥动，直劈下来，这样就会增强说话的力量和气势。又如，在演示之前，面对热情鼓掌的广大听众，或者在演示过程中的互动活动需要结束的时候，面对依然嘈杂的现场，演示者往往会用双手举过比肩，手心向外，向听众摆动。这手势表示什么呢？它有两个含义：其一是对听众的欢迎或积极的配合致以礼貌性的谢意；二是意听众可以停止，以便他开始或继续演示。情意手势表达方式极为丰富，在演讲中比其他类型的手势应用的更为频繁。

形象性手势。这种手势主要是用来摹形状物，给听众一种形象的觉，比如讲到“外形就像花儿一样，晚上发出四射的光芒”、“用一个像鸡蛋样大的石头”时，用手势配合一下，既具体又形象。

象征性手势。这种手势能表达抽象的意念，只要用得准确恰当，就能引起听众的联想。比如握紧拳头竖起手臂往往用来表示一种坚定的决心，张开五指手掌往前推表示一种整体的大规模的战略推进等等。

指示性手势。这种手势有指示具体对象的作用。比如讲到“我”、“我们”、“像我这样的人”等等，用手指一下自己，比划一下，就可以使听众印象更清晰。这种手势的特点是动作简单，表达专一，基本上不带感情色彩。又比如说到“一年两次计划调整”，伸开右手，竖起食指和中指晃一

下，这种含义就很明确，比较容易理解、辨别。

六种常用手势

有一些手势使用率比较高，值得我们重点去掌握使用。这六种手势在演示当中被广泛而频繁的应用，但手势本来是一门生活中的学问，是千变万化的，我们可以模仿，也可以去发现，去创造，只要这些手势的确能够加强语言表达的效果。

手心向上，伸出去。用以指示某物和允许某件事。这个手势是最具广泛应用性的，几乎所有的演示者都对它情有独钟。它不仅可以表示“这一点请你们注意”，还可以表示“请这位先生说说你的看法”等等。演示者一般并不用手指指向某物，因为那样显得很生硬并且用手指指带有警示的意思，会给人不友好的感觉。相比之下，手心向上伸出去这个手势就多了一些尊重的意味在里面。

用手指指。用食指指向某个方向或某个位置，引起听众对某物和某观点的注意，同时较多地用于对某事或某物表示不赞同，进行批评或指责。比如，用手指指着屏幕上面的某一个观点说：“这个观点实际上是有问题的”。用手指指着门外说：“这种细节上的不负责任迟早会给企业带来不可挽回的损失！”

掌心向下，作横扫状。这个手势表示不接受或不同意某个观点和思想，与之相连的话语可以是“这种情况根本不在考虑的范围之内”，“这是我们所不能够同意的”。

两手竖放，从一侧移到另一侧。这个手势表示我们需要把观点分成几个部分来讲，或者是从一个思想到另一种思想的转变。同样的，在语言上可以是这样的：“这个某某的思想后来得到了某某的发展，形成了某某理论”，也可以是“这个观点我们需要从下面几个方面来进行阐述”等。

掌心向外，指尖朝上。这个手势很多时候被用来示意停止，或者是提醒听众注意。特别是现场混乱嘈杂的时候，此手势常常被用来使听众安静。同时，这个手势也有着警示的作用，潜在话语可能是“不要太放肆，请不要忽视我的存在”，也可能是“下面所讲的要谨记”等。

举起拳头。在需要表达强烈的感情，比如愤怒和决心的时候，这个手势常常能起煽动性的效果。伴随的话语可能是“我是最棒的！我一定要成功！”，又或者是“这简直就是一种奇耻大辱！”等等。

还有另外一些约定俗成的手势，在全世界的人的眼里都理解为固定的一种意思，演示者在运用的时候就只能遵循，而不能另外发挥，引起不必要的误解。比如双手平摊，是“无可奈何”的意思；一手叉腰，一手上托，是“瞧我的”之意；低头弯腰，两手交叉而下垂，是害羞的意思，用于女性在受夸奖或对别人有所请求之时；双手叉在胸前，颇有包打天下的气派，是自负的表现。这些姿势的含义是约定俗成的，按习惯使用同样能收到好效果。

运用手势四点注意

如何运用好手势？这里面有四点是需要注意的。

第一，要透过内在的自信做手势。没有内在的自信，手势就会变得猥琐而小气，透露出一种不自信的犹豫和无力。因此，无论什么时候，我们都要先调整好自己的情绪，激发起自己的激情之后，再考虑通过手势来加强语言表达效果。当然，一旦身体动起来了，可以反过来影响自己的情绪和热情，这就是为何现时有许多的演示者喜欢在演示之前来一段热身运动的原因之一。

第二，手势要做到准确、自然。手势由于它活动的幅度较大，又有鲜明的灵活性，因此它有很大的吸引力和说服力，表达的内容也非常丰富。它大致可分为四种：情绪手势，象形手势，指示手势和象征手势。但不管哪一种，都要力争做到准确、自然优雅而不生硬，一定要从实际出发，使得动作恰当而能简明地说明问题。

第三，任何手势都需要跟语言相搭配与协调。手势不宜只从肘部做起，那样显得局促，不自然大方。从肩部做起，显得有力而顺眼。针对某部分语言的手势一定要配合语言的进度来完成，如果太快或太慢，它可以使演示的要点被人误解，主要的变成次要的，突出的变成一般的。一个小小的错误，往往能造成严重的后果。

第四，同样的手势不能过度重复。任何一种神态和姿势动作，如一再重复，就会令人讨厌而乏味。过多而又毫无意义的手势，除了分散听众的注意力之外，如果再搞得不准确，还会使听众感到费解，削弱演示效果。

◆ 表情

“如果想引出别人的眼泪，那么就让自己先悲戚起来。”这是一个培训师们需要谨记的格言。在演示当中，该哭的哭，而绝不能笑，讲到愉快高兴的地方，就必须表露出眉飞色舞的表情，而不是用哭丧的神态来表示。演示，表演和展示，形体和表情需要跟随语言表达而作出不同的反应，而且这种反应必须做到协调。如果表情不能够反映语言，在整个演示当中表情一直保持在零度常温，不冷也不热，没有变化，整个演示就只能给人枯燥无味的印象。而一个面部毫无表情，不能够充分表现内容和思想的意义，帮助听众更好地进行理解的演示者，只能是一个平庸的演示者。另外，即使面部表情不是平淡如水，不呆板、不犹豫，神情也很有一些变化，但与正在表达的思想感情不协调，同样也得不到预期的演示效果。因此，有经验的演示者，总是善于通过面部表情的变化，准确、真实、自然而又艺术地表现出自己的内心世界，从而影响和感染听众，使听众一看就心领神会。

表情·思想

什么是面部表情？面部表情是演示中的一种无声语言，它通过演示者面部肌肉的种种变化来显示出不同的形态，从而表现出喜、怒、哀、乐等不同的感情，从而传达出演示者所要表达的思想内容信息。表情是演示者感情的起伏变化在面部的自然流露，是思想感情在外貌上的显示，也是思想感情最灵敏、最复杂、最准确、最微妙的“晴雨表”。一般来说，基本的面部表情可以归纳为：

眉。喜则眉飞色舞，怒则切齿圆睛，哀则蹙额锁眉，乐则笑逐颜开。眉展表示坦然、轻松、高兴、欢喜；眉聚表示忧愁、哀苦、思索、烦躁、讨厌等等，因此才有“愁眉不展”这样的成语。

眼。眼角上翘表示喜悦、高兴、快乐，因此有“喜上眉梢”的成语；眼角下垂表示愁苦、生气等，因此也有“耷拉个眼皮”的俗话；双眼圆瞪表示愤怒、吃惊；双眼眯起表示喜悦、思考。

口。嘴角向上，常表示愉快、喜悦、谦逊；嘴角向下，表示悲哀、忧虑、烦恼；嘴唇紧闭，表示冷静、决断或轻蔑；嘴唇大张，表示诧异、惊

讶或畏惧。

表情展示技巧

人的内心体验和外部（脸面）体现是有机地、不可分割地联系在一起的。内心体验通过面部表情反映出来，而面部表情又可以刺激产生某些内心体验。两者的循环相映、心面感应，最终能使人的内心情感，最灵敏、最恰当地通过面部表情显示出来。培训师应该善于通过自己的面部表情，对听众施加心理影响，构筑起与听众建立思想情感交流的桥梁和纽带。如何运用面部表情表达情意？有以下两点需要注意：

随机而变

在演示当中，表情是作为有声语言的一种辅助和增强而存在并具有意义的，如果面部表情与有声语言表达的内容不相一致，那么面部表情此时的存在不仅没有价值，反而起到了反作用。有人说过："当眼睛和表情说得这样，舌头说得那样时，有经验的人更相信前者。"而在培训演示之中，当表情和舌头所表达的内容不相统一的时候，听众往往会理解为台上的人是有意地欺骗他。对一个演示者来说，失去听众的信任并不是一个好事情。因此，我们应该做到，悲哀的词句要用忧愁的面容配合，威吓的词句要配盛怒的神情，戏谑配嬉笑，庄重的词句配严肃的表情。讲到高兴的时候，我们就应该喜上眉梢，嘴角上翘；讲到愤怒的时候，我们就应该怒目而视，两眼放射出愤怒的火焰；讲到平静的时候，我们就应该慈眉善目，安详宁静……如果面部表情能够随着思想内容和情绪的发展而变化，那么面部表情就会显得丰富而生动、既顺乎自然而又富于变化。一颦一笑，一蹙一层，都能够和内容合拍。把听众引入自己所希冀达到的感情和理性的境界，或者把听众的情绪由低潮引向高潮，使听众产生强烈的共鸣。而如果不管演示内容的蕴涵多么博大精深，思想感情多么丰富多彩，都始终笑口常开，活像一尊弥勒佛，这样也不会得到听众的青睐。

自然、大方

通过上面的叙述，有些演示者可能就会认为："既然面部表情这么重要，

那么我在演示时一定要多做面部表情，而且表情要做得越夸张越好。”真的是这么样的吗？其实不然。表情对于一个精彩而成功的演示来说的确是必不可少的，然而也不能够为了做表情而做表情。演示中的面部表情是随演示的内容和演示者的思想情感而产生和表现出来的，它是一种水到渠成、自然而然的演示者内在情感变化的表现，它不是因为演示者的做作而产生的：演示者丰富的面部表情是有很强的感染力的，但表情的动人之处在于自然，自然才显得真挚，做作出来的表情显得虚假。正如法国大作家雨果说：“脸上的神气总是心灵的反映。”面部表情只有能够与心灵保持一样的质朴自然，才会富有强大的吸引力。因此，演示者须要达到一个共识，那就是演示不是演戏，表情仅仅是为辅助有声语言表达信息的工具，来不得夸张和做作，表情越自然，越得体越好总结如下。

面部表情不自然的三种演示者

木偶人。上台之后，目不斜视，面无表情，语气呆板僵硬，只顾着按部就班演示内容，毫不理会听众的反应。

颤抖者。演示开始后还不能调整好自己的情绪，克服紧张心理，因此神情慌张，惶恐不安，面红耳赤，声音战战兢兢，头脑一片空白，面部表情不能体现思想内容，反而全部展现内心的颤抖。

夸张者。自作聪明，面部表情过多而且像演动画一样夸张，讲到得意处，自作多情，发出一阵假笑，矫揉造作的面部表情不自然，不真实，使听众感到滑稽或虚假。

◆ 眼神

俗话说“眼睛是心灵的窗口”。也有人说：“眼睛是会讲话的神灵。”在演示当中，眼神与面部表情一样，是作为有声语言辅助而存在的，它同样能够与有声语言的表达相得益彰，相辅相成，为整个演示的有效表达发挥奇妙的作用。因此，如何运用最富有表现力的眼神来加强语言表达的效果，是培训师在演示中另外一项不能忽视的技巧。

眼神·思想

人的眼睛是能够表达思想感情的，甚至能表达语言难以表达的极其微妙的思想感情，人们内心深处的隐衷、胸中久藏的秘密，也总不知不觉地流露于多变的眼睛之中，演示者通过眼神会把他的心理变化、学识、品德、情操、性格、趣味和审美观等等，毫不掩饰地呈现给听众。而听众也总是善于通过演示者的眼神变化，来窥见其思想感情。

结合演示内容，用不同的眼神可以准确地表达不同的思想感情。在演示中，演示者的目光要服从思想感情的表达，每一个眼神都应是内容所需求的表现。

如：表现心怀坦荡时，其目光是明澈的；当表示心事重重时，其目光是呆滞的；当表现志怀高远时，其目光执著；当表现轻薄浅陋时，其目光浮动；当表示自强自信时，其目光坚毅；当表现聪明机敏时，目光睿智；当表示自暴自弃时，其目光衰颓；当表示心胸狭窄时，其目光如豆。

眼神运用技巧

眼神的运用有五种巧妙之法：

正视法。要求演示者的视线平直向前流动，统摄全场。一般来说，视线的落点应放在全场中间部位听众的脸上，在此基础上适当变换视线，照顾到全场听众。这样，可以使每一个听众都感到“他是在向我演示”，从而引起注意。同时也有利于演示者保持端正良好的姿态，随时注意全场的气氛和听众的情绪。当然，正视法所要求的平直向前的视线，并非一动不动地直盯住前面听众，而是要兼顾全场，用弧形的视线在全场流动，不可忘掉任何一个角落的听众。

环视法。它要求演示者的视线，从会场的左右前后来回扫动，不断地观察全场，与全体听众保持目光接触，增强双方的情感联系。在前视法的基础上，辅之以环视法，能收到良好的控场效果。但运用环视法，要防止头部的摆动过分有规律，类似摇头的电风扇；要防止眼睛滴溜溜地频繁乱转，否则，会使听众感到滑稽可笑，分散听众的注意力，影响演示效果。

点视法。这一方法是偶尔运用的，它要求演示者的视线，有重点地观察个别听众或会场的某个角落，并与之进行目光接触。此方法对专心听讲者，可起到启发、引导的作用；对未专心听讲者，可起到批评、制止作

用。

虚视法。它是指演示者表面上在看听众，其实没有看。这种方法可以用来克服演示者的怯场心理，显示出彬彬有礼、稳重大方的神态，还可以把思想集中到演示内容上来。

闭目法。它是指演示时要求演示者以短暂地闭目来表示某种特殊的感情。闭目法有它特定的意义和作用。例如，可以用短暂地闭目，表示对企业惨重损失的痛惜，或表示对卓越领导人的敬佩。但是，无目的的闭目眨眼，不仅影响思想感情的正确表达，而且有损于演示者的形象。所以还是要恰当地加以应用。

综上所述，在演示当中的风姿是从多个方面来体现的，站立姿势、手势、表情和眼神等都能够影响听众对演示者的印象。无论怎么样，演示者的形体语言（态势语言）最重要的是要做到勇敢、有力和自然。把胸部挺起来，像一个健壮而亢奋的运动员一样，自信开演吧。培训师勇敢而自然的神情不仅能够帮助提高声音、调节语气，并且能让听众相信他有控制自己的举止并使其适度的能力，能在整个演示过程中保持精神上的自持。毕竟，人们总是信任和敬佩勇敢的人。

演示文稿演示技巧

上面谈了一些关于表达的技巧，不过，在演示的过程中还不光是语言表达技巧在起作用，还有很重要的另一个因素。也许你忘了，不过我认为你不应该忘：我们花了很大的气力才设计好的演示文稿，难道只要把它投射到屏幕上，就会乖乖地自动把整个演示完成的漂漂亮亮。

如何演示直观演示工具也是有很多技巧的哟。演示文稿演示得好，就相当于有另外好多的人在帮你，证明你的观点，让你轻松自在完成任务。

◆ 技巧一：注意过渡

在更换工具之前说一些过渡的话，当你准备向听众显示演示文稿的时候，在更换页面之前，一定要对你给观众看的东西做一些过渡性的说明。

不要再没有过渡语言之前就给观众显示直观演示工具，那样，听众会

不知道是否要看直观演示工具上的内容，还是要听你说话。它或许会认为你必须要看屏幕才清楚你要讲什么。

要使直观演示工具有效，说话和使用直观演示工具须要互相配合。听众所听到的必须加深所看到的内容的印象，他们看到的必须支持所听到的内容。过渡性的说明正好将观众从直观演示工具看到的内容和将要进行有效的过渡性说明，有以下4个步骤：

① 当你完成讨论前一张幻灯片时，要同听众保持目光接触。

正如我们刚刚看到的……

② 当你对下一张幻灯片做过渡性说明时，要同听众保持目光接触。

但是……事实上……

③ 当你要用新的直观演示工具来更换旧的直观演示工具时，要保持安静。

④ 当你开始讲述新的直观演示工具内容时，要同听众保持目光接触。

下面是……

◆ 技巧二：专注，专心

讲话时，就专心讲话；更换演示工具时，就专心更换页面换直观演示工具时，你必须要中断跟听众的目光交流，不要担心更换时的安静。因为你已经给他们说了过渡性的话语，所以他们愿意花一些时间来等待和思考下面的内容。因此，说你必须要说的话，从说第一个字到讲话结束，保持同听众的目光接触。然后，到更换直观演示工具的时候，就安静、专心的更换吧。

一般听众在看你的视觉材料时，另外一半听众会看着你。如果你想要使他们注意材料，就要一动不动的站着。

◆ 技巧三：注意引导

引导听众，展示每一个直观演示工具。展示演示文稿的时候至少必须明确展示以下内容：

① 解释图表上的要素。

“纵轴是表示……横轴是表示……”

“在面上有四个构成部分分别是……底部是……”

② 定义使用的代码。

"在这里，圆圈表示……星号表示"

"我们用颜色将他们分别开来，黑色代表……红色代表……"

③ 指出直观演示工具要展示的内容和信息。

"请大家注意从左到右这些柱体的变化情况。"

"来看这里，我们公司去年销售额和YY公司的比较。"

④ 阐明直观演示工具体现出来的"那又会是怎么样"的内容。

"所以，我们应该……"

"因此，……会比较好一点。"

⑤ 到下一个直观演示工具的过渡性说明。

"我们已经……现在，我们再来看……"

◆ 技巧四：适时的留白

适时的屏幕空白在演示过程中是必要的。比如当使用投影机或激光液晶投影机时，将投影机定时关掉就是个不错的选择。并不是说展示每一个页面之后都要关掉投影机，这就容易分散人的注意力了。不过，在进行长时间的过渡性说明、总结，在回答与屏幕上内容无关的问题时，关掉演示页面是适当的。

但请注意，如果听众人数很多，并且灯光已经关掉，那么就不要关掉投影机了。在一个光线较暗的场所里，必须不间断的展示演示页面，包括长时间进行过渡性说明。一个办法是展示课程安排那张幻灯片，并强调你正在讨论的部分。另一个办法是在长时间讨论的时候展示一张幻灯片，上写："讨论话题——××××"。

◆ 其他小技巧

(1) 保持房间黑暗以不影响放映效果。但也不要弄得太黑，要有一定的亮度保证学员能作一些必要的笔记。

(2) 把屏幕放置在可得到最清晰画面的正确位置上。

(3) 需要时可以把声音加进去。

(4) 可通过计算机程序控制的办法，实现放映幻灯片的自动化。

(5) 讲授时可利用随身携带的笔作为指示器来进行强调。

画龙点睛板书技巧

在演示工具这一章中，我们曾介绍过，除了用投影机和屏幕示演示文稿之外，还可以通过白板、拍纸板等等来传达文字信息。于是，如何使用这些工具也就是通过板书的形式达到更有效传达信息的目的，这是我们在这一节中要讲述的。

板书，从动态的角度理解，是在上课时在白板上书写的文字、符号以传递信息的一种言语活动方式。从静态角度理解，是在授课过程中为帮助学员理解掌握知识而以凝练简洁的文字、符号、图表等呈现的信息的总称。广义的板书包括狭义的板书、板演、版画三种形式。板书是指写在白板上的文字，板演是在白板上进行逻辑推算等，版画是在白板上描画各种图形、符号、表格等。板书的这三种形式在具体运用通常是综合运用，依课程内容、培训任务不同而有所偏重。现代培训中的板书主要指在白板上的板书，拍纸板上的板书，或者在纸上直接书写并通过投影机投射到屏幕上的板书。

板书形象直观，能集中学员的注意力，便于学员理解和记忆信息，是直观教学的一种重要手段。一个设计的好的板书，往往可以把事物的本质及其与其他事物的区别与联系形象地表达出来，从而使学员获得完整清晰的信息。

在培训中，学员接受信息的渠道主要有三个：一是听觉，二是视觉，三是直接体验。板书可以使学员通过视觉而获得知识信息。借助板书，培训师可以随时将正在讲授的内容以直观的形式表现出来，以弥补演示文稿容量上的不足，使学员从听觉刺激转向听、视觉刺激巧妙结合，将他们的有意注意和无意注意结合，从而引导和控制学员的思路，避免由于单调的听觉刺激带来的疲倦和分心。

◆ 板书的内容

一般来说，培训师在课堂中需要板书的内容主要有以下两方面：

正在表述内容中的重点和难点和补充说明。

重点和难点

正在表述的内容比较难以理解，或者需要让学员对这个内容有比较深的认同从而为下面的授课做铺垫，然而因为容量有限的关系在演示文稿并没有体现出详细的解释，那么就需要对这个内容进行板书。

补充说明

为了更清楚的让学员理解正在讲述的主题，培训师有时需要补充一些背景材料或其他新的信息。如典故、数据、名人名言、小案例等。这些虽然不是培训内容的主干，但对于学员理解和接受培训信息是非常有帮助的。

◆ 板书的表达形式

板书的表达形式除使用常见的文字、数字外，还经常使用一些有特定意义的符号。如：

｛｝括号：表示信息包括的范围或问题的综合；

● 圆点：表示特别需要引起注意的字词句；

→ 箭头：表示事物发展变化的方向，用以揭示事物与事物之间的内在

联系；

□ 方框：表示问题的结论或对事物的总结，给人以整体感。

—表示直线、~表示曲线、=表示双直线、≈表示双曲线。

虚线：单线表示重要、关键；双线表示强调、重点；虚线表示关系隐蔽或微弱。

◆ 板书的格式

板书的格式是指板书内容确定后，将板书内容用文字、图表、符号等加以组合并呈现在白板或屏幕上的样式。通常有以下几种类型：词语式、表格式、图示式、版画式。

词语式

词语式板书是培训师在对正在讲授内容深入研究的基础上，从中找出一些关键性的，或比较难以理解，又或是听起来容易让人（可能是培训师故意要的效果）误解的词语，又或者总结出一些能准确反映讲授内容的词语，在授课时把这些词语分区域、按次序的书写出来呈现在听众面前。

这种板书虽然只用寥寥数语，却言简意赅，使人一目了然。

表格式

这种板书是把讲授内容进行分类，然后根据讲授的需要，把各种比较的内容列入表格中。其特点是内容扼要，直观性、对比性强，容易使学员通过自己的逻辑思维自觉得到结论信息，把握事物的本质，从而深刻领会培训内容。

图示式

用特定的板书符号将语言文字联系起来，直观形象的表达事物的发展过程及趋势或事物之间的动态联系的板书形式，也叫图解式板书。其强调动态结构，具有形象性、趣味性，更能激起学员的兴趣。

板画式

培训师在授课过程中临场发挥绘制的各种简易地图、形象画、模式图、示意图等。版画既可以给听众提供清晰的感知表象，又可以形象地揭

示抽象的概念。板画的难度较大，要求培训师掌握简笔画的基本技巧，否则就会费时多或视觉效果差。

◆ 板书的基本要求

板书是一种综合的艺术，板书设计事实上也是一种艺术创作。这就要求培训师在准备课程的时候就把板书当作是一种艺术来创作，而不能把板书当作可有可无的事或信手乱写乱画。板书有以下基本的要求。

简单明了

书写内容宜简单明了，因白板面积往往有限。书写要用最凝练的文字或简洁明了的图形、符号反映正在讲述的内容。这是有板书的特性决定的。第一，板书的面积有限，不能容纳太多太杂的内容；第二，板书一般是在演示时间上完成的，培训师不能在板书上面花太多时间。何况，口头语言和演示文稿是最主要的演示工具，板书只是辅助手段。不过，内容精炼并不是越简单越好，“简”的程度要依演示需要和培训内容而定。一般要求板书要化繁为简，以简驭繁、以少胜多。

形象，准确

板书语言科学、准确是指用以表达教学内容的板书语言信息符号是恰如其分的。这就要求板书要用词恰当、概括准确、图表规范、线条整齐。如果画圆不圆、画线不直、绘图不像图就会让学员产生画虎类犬的感觉。

条例清晰、布局合理

提笔书写前，事先要在头脑中设计好提纲。板书的脉络、层次要明了，有联系的各个板书要通过特殊的符号而形成一个整体。布局合理是指板书要匀称得体，给人以美感。要使板书条理清晰，首先要使相同层次的内容排列整齐，参差不齐甚至相互交叉必然使学员产生思想上的混乱。其次是要使各层次的内容的标号一致。

要使板书布局合理，首先要把握好正在表述内容的主次成分、层次性，然后按照美学规律（如对称、均匀、平衡、黄金分割等）来构建整体板书。

形式多样、重点突出

尽量使用多种颜色笔。板书设计没有固定模式，同一个表述因培训主旨、培训对象的不同也会有区别。但形式并不是为了装饰课堂，衡量板书形式好与不好的主要标准是看它能否在揭示培训基本内容的基础上启发学员的思维。

用彩色粉笔在重要处做强调标记。这样听众就能够分辨出重点在哪里。

文字够大、够清晰

板书的时候文字够大、够清晰，便于阅读。更高的要求还有书写规范。字体工整、笔顺正确、结构匀称、大小适宜、美观隽秀，板书的字里行间疏密、字画搭配平衡，板面清洁整齐。

先书后讲

在演示中的板书如果字数不多，可以采取边书边讲的方式。如果字数比较多，则要先书后讲，因为对着白板讲课会使学员觉得他们没得到应有的尊重。书写完之后，应立即转身面对学员讲授有关内容。也不要站在刚写的内容和画出的图形的前方，那样会挡住听众的视线。同时书写的速度应略快，不要一下子写上太多的内容。这样可以增加课堂的培训密度与节奏感，反之，则会影响课堂的气氛和效果。

底稿的应用技巧

我们在内容设计以及演练这两章中均提到过，演示者需要准备一个底稿。根据你对演示内容的熟悉程度也许这个底稿会有详或略的不同，但是我们必须明确一点，那就是即使是最有经验的演示者也会有突然忘记自己讲到哪里的时候。如果能够在演示之前拟定底稿，并且通过预先的演练，那么真正演示的时候就能够更集中精力地投入到演示之中去。底稿能够让你因此而受益：真正熟悉并且精通掌握自己的演示内容，使演示过程更加

通顺流畅、滴水不漏。如果你平时注意观察的话，你会发现有底稿的演示者要比没有底稿的演示者准备得更好、更充分。我们并不是说一个演示要不离稿子，照着稿子念，相反，听众其实并不喜欢这样的演示者。每一个演示者都应该有这样的目标：可以完全自由地演示，有序而自然。但是我们仍然坚持：底稿是预防万一之用，并且，即使在演示中不需要底稿的话，那么底稿至少还可以作为成果来保存和展示。

所以，我们可以这样认为，底稿是一个隐秘的武器，如何在演示之中恰当而有效的运用这个武器？这是我们下面所要阐述的。

◆ 底稿摆在哪儿

在讲述底稿应该摆放在什么位置的问题之前，我们也许需要两点共识：第一，没有任何必要让听众看见演示的底稿，因为那样会分散他们的注意力，并且产生一种依赖心理“即使我对你的演示置之不顾，我也能够在演示之后拿到你的底稿，获得我所想要的资讯知识”；第二，将底稿拿在手上是很不专业也不方便的做法，因为那样你就不可以自由支配两只手，从而在演示中随时插入适当的手势。

怎么样找到一个合适的位置来摆放底稿呢？

这个问题的答案是：当站在一张桌子后面讲话时，要尽可能让底稿远离靠近所站位置的桌棱。这样的摆放位置好处是，当演示者在演示过程中瞧一眼底稿的时候，与听众之间的视线角度及与底稿之间的视线角度不会有太大的偏差。在演示当中，需要明确的首要原则是：要对着人而不是对着物演示。如果把底稿放在靠近所站位置的桌棱边，那么演示者就不得不弯下身体，视线垂直向下看，并且每次看完底稿抬起头，把目光重新投向听众时，动作的幅度就显得特别地大。而对于听众来说，他们更愿意看到一个目光保持在他们身上的纯熟的演示者，而不是目光游移而生硬的。

◆ 如何换页

我们上面说过，一篇好的底稿总是写在每张纸的单面上的。这就为我们演示时的换页提供了方便。

用这样的单面底稿，在换到下一页时我们只需要一页页地推移，而不

必翻转纸张。在此同时，如果演示者需要了解下一页的内容或者前面一页的内容，他们都可以在推移纸张换页的时候，轻易地瞅到。

我们需要强调的是，用推移纸页的换页方式，这样做还有一个优势，就是推移纸页而不用翻转，那么就没有人会看到演示者的底稿上写了些什么，也没有人能数清底稿的页数。

◆ **如何随机调整**

如果在演示过程中发现演示的时间不够用了（通过时间栏里的计划时间和实际占用的时间对比，我们可以了解这一点），那么演示这就要压缩自己的演示。不过，我们并不赞成因此而加快演示的速度，那样会让听众因为根本无以理解演示内容而成为实质上的时间浪费。比较明智的做法是缩减演示的内容。

根据我们在演示底稿设计中介绍的技巧，我们需要按照内容的重要程度做出裁减。首先可以将绿色栏中的部分删除，例如那些例子。如果时间还是不够，蓝色栏中的补充提示语——次重点——也可以删去。通过去除例子栏和次重点栏中的提示语，这样几乎可以随意将演示压缩到任意合适的长度。

如果时间完全不够用了，那么通过已经写在底稿上的时间指示，可以明确地知道什么时候必须直接跳跃到结尾，以便至少使得演示结束语的时间能够有所保证。不过，为了能够准确地确定演示所需要的时间，大声地将所有列入计划的内容至少从头到尾地念一遍，绝对是必不可少的程序。

现场问答技巧

在任何的演示当中，为了达到更好的交流效果，通常演示者要留出一定的时间给听众自由提问。在回答听众提问时表现得是否专业而又巧妙是关系成败的重要因素。与听众之间的有效问答不仅可以使演示者与听众之间形成积极的信息、思想交流，消除听众在演示思想和内容上的一些误解和不解，同时听众提出的问题可以使演示者更清楚地了解听众的理解水平和特感兴趣的方面，从而可以立即作出微调，表现得更好。

如何应对演示中听众的提问？要回答这个问题，我们首先得了解两点：

一是听众为什么要提问。

二是演示者回答这个问题要达到什么目的。

前一个问题，听众提问的目的可能是希望演示者澄清某个事情，更详细地叙述某个事情，或者是他们需要验证某个事情。也就是说他们提问的意图是为了获得更多的知识、资讯和信息。也许，在极个别的情况下，有些听众提问是为了显示自己的水平，挑战演示者的权威等，但这并不普遍。后一个问题，演示者回答提问的目的是为了弥补自己与提问者（也许还有其他听众）之间可能存在的对一些问题理解的差距。此外，这也是向听众展示他对演示主题的专业程度的机会。如果能够友好机智地驾驭提出的问题，回答问题还可以加固演示者与听众已经建立起来的友好关系。

在上一章模拟演练一节中，我们已经提到过，最好能够将演示中听众可能提出的问题进行一个准备。安排出时间预先对之进行演练回答，特别是那些希望听众不要提的棘手问题要特别注意。如果认为自己无法做到完全用同理心去站在听众的立场上提出问题，那么可以请朋友对这方面特别用心思考一下。此后就起草和演练自己的回答。同时，有心地演示者会将这些可能提出的问题和回答为自己做一个演示卡片，并在演示之前再复记一遍。

当主动邀请听众提问时，等于先将控制权交给了听众。随后目标是要尽快夺回控制权，并一直保持到交给下一个提问者为止。在回答听众提问的过程当中，演示者需要表现出随意自然，即使身上带着记有答案的卡片，也不要让听众看到自己在对着它念的情景。

许多演示者在这方面做得不够好，其中的原因不是因为没有做充分的准备就是缺乏必要的应答的技巧。其实，成功的现场问答不需要特别的窍门，所需要的只是精心的准备外加运用基本谈话技巧。

◆ 现场问答程序控制

第一步：请听众提问。

用鼓励和愉快的态度请听众提问能够展现出演示者的大度。与其让听众在演示过程当中不时地向你提这样那样的问题，然后你自己疲于奔命地应付，不如主动留出特定的时间来给他们自由提问。所以，现在，要面向听众带着自信的微笑说："上午的演示，我主要讲了一个问题，就是时间管理对于团队效率的重要性以及我们如何才能有效地进行时间管理。为了能够使我与你们之间的交流得到更好的效果，让我们来进行一下思想的碰撞。给大家15分钟的时间提问题，我将尽我的最大努力给予回答。"

听众会提出的是什么样的问题，培训师自己也不知道，但是至少有一种说话的方法，可以减少棘手问题的诞生。我们可以这样说：

"在座各位，……我在演示中任何时候都会接受要求阐明某些内容的提问。但是要求获得额外信息或与演示内容无直接联系的问题将在演示的最后处理。"我们称以上的方法为预先框视法，非常有效。

现在将提问的主动权扔出去了，也许马上有很多人抢着出声，不过也有可能全场肃静，无人响应。如果不幸没有任何人提问，你可以重提在讲话中曾经反问听众的问题，使问答继续下去："那么为了继续我们的问答，我先回过头来解释一下刚才在讲到时间管理四个象限时向你们提出的问题。这个问题是这样的……"

如果此后仍没有听众提问，你别无选择，只能结束讲话。无论如何不要再邀请或乞求听众提问，那样的话，就会令所有的人感到尴尬了。

第二步：专注倾听。

认真倾听是一项最重要的也是常常被忽视的技巧。所以，当提问者提问时，要注意倾听。将冗长的问题尽量简化，但一定要听完问题之后再开始思考答案。在真正弄懂了提问人到底要问什么——更重要的是为什么要问——之前，不要打断提问人的提问抢先回答问题，而要专注倾听。

通过始终保持与提问人的眼睛交流，同时用身体语言表现出自己在倾听。当接受了一个问题之后，要将自己与提问者的目光交流控制在20%～25%，与其他听众的目光交流控制在75%～80%（如果提出的是一个长的问题，最好用眼睛迅速地扫视一下听众以判断他们对这个问题的反应）。身体微微前倾，头侧向一边或轻轻点头，以此传达出你正在倾听提问的信息。不时地发出表示听懂了的“嗯嗯”声也有帮助。

第三步：诚恳接受。

通过说“谢谢”表示接受提出的问题。注意不要以恩赐的态度用“很好的问题”或“深刻的问题”这样的话恭维提问人，那样会显得很虚伪可笑。除非你真的这样认为，即使这样也要努力用诚恳的口吻说出来，而不要让听众误会你是在敷衍客套。

第四步：确认再3。

在回答问题的过程中有一个常见的“陷阱”：只有培训师、提问者以及前几排的听众知道培训师在回答什么问题。还好，对此有一个非常简单的解决方法。除了一种特殊情况外，无论什么时候接受问题并准备回答都应该用自己的语言重新组织一下这个问题，在回答之前向所有听众重复这个问题。

这种做法有3个明显的优点：

① 如果提问者没有纠正你对问题的重新表达，则你可以确定你已正确地听到并理解了这个问题。

② 每个听众都知道正在进行什么事。

③ 思考速度比说话速度快5倍，所以重复问题给了你自己宝贵的额外时间去思考你的回答。

在问题确认之后稍作停顿，表示问题提得有道理，需要思考一下如何回答。这样做可以避免未经思考匆忙作答，导致遗漏要点或逻辑不清。在

停顿时重加思考，确定提问者希望达到什么目的。是否是想知道关于演示内容的更多信息？想澄清提出的问题？想对培训师的论点提出异义？想表达他们自己的观点和意见？

第五步：归类应答。

对培训演示过程中会碰到的各类问题，我们可以有一些具体的应对建议：

简单的问题：给予简明扼要的回答。

复杂的问题：与主题联系起来，讲一个故事或举出一个例子来进一步澄清，进行总结性回答。

一个你不知道答案的问题：告诉提问人你将寻找答案并给予答复（要保证做到）。请知道答案的人回答，询问听众中是否有人可以帮忙。眼睛望向其他地方并邀请听众提出下一个问题。

另类的问题：这类问题包括抱有偏见、固执己见、自我取乐的问题，以及更多的是一段冗长的发言而不是问题。应对的办法是不要回答，而是邀请提问者以后再提（他们不会），然后眼望其他地方邀请听众提出下一个问题。

不着边际的问题：询问提问人要问什么问题，然后或者十分简短地回答，继续下去，或者邀请提问者以后面谈。

重复论点的问题：如果提出的问题是你已经阐述的论点，简短地重复你所讲过的，如果你觉得合适，可进一步举例说明你的论点；如果不方便，继续回答下一个问题。

不相干的问题：承认提出的问题是一个有意思的或重要的问题，虽然值得以后讨论，但不是你今天要谈论的问题。

一段不是问题的议论：如果提问者同意你的观点，只需表示感谢，然后继续。如果提问者为你的论据添加了一些支持性材料，表示接受并表示感谢，然后继续。

反对意见的问题：接受提问者的观点但不赞同，重复或再解释一次你自己的观点，或者在两种观点之间采取某种折衷。

复合问题（一系列问题）：告诉提问者不能回答他提出的所有问题；选一个最有意义和关系最密切的问题回答。

一个指出你的论据中存在着严重不足的问题：承认这是一个问题，并解释正在采取措施和将要采取措施克服这一问题。不要敷衍了事，应真诚

平和地保持与提问者的友好关系。

◆ 应答的语言艺术

在现场问答当中，需要保证自己的回答简短、明确、切题并尽可能与前面所讲的内容相联系，如果适当，可以举新的例子或讲述新的轶事。在现场问答阶段保持自信并有效运用RSVPP声音法则很重要，PREP语言法则也大有助益，在声音里注入热情并使之听起来爽朗清楚则是现场回答问题成功的另一个重要方面。

我们有一套“立场—理由—例证—重申立场”的回答问题的模式。例如：

问题：现在我有两件事情，一件事情是急事，马上要去机场接一个长期合作的供应商；另一个事情，是刚刚来了一个客人，这个客人是慕名而来，有可能向我们下一个大单，而这方面的业务是我负责的。现在的问题是，因为没有预料到今天会有客人，我事先是答应了供应商亲自去接他的。时间快到了，这个时候我该如办?

回答：我认为你应该接洽新上门的客户（立场）。由于供应商是长期合作的了，你们之间见了面之后很容易达成谅解，而且，你完全可以派手下去接他，虽然可能令他面子上有点过不去。新来的客户就不一样，如果这次你失去了他，就可能失去一个大单，同时也可能失去一个与其建立长期合作关系的机会。谁轻谁重显而易见（理由）。我敢肯定，很少有人会仅仅因为顾及一个老朋友的面子而愿意失去一个大好的商业机会（例证）。因此，我认为你应该派别人代为迎接供应商，而留在公司亲自与新来的客户接洽（重申立场）。

最后与提问者核实你是否回答了他的提问。你可以问：“我的回答解决你的问题了吗？”以确定你已缩短了与提问者之间的信息距离，保持对场面的控制。随后可以邀请提问者进一步讨论，或者继续下一个问题。

如果要避免接二连三的追问，只要在结束讲话时注意房间里的其他听众，以表示你准备接受一个新问题。

演示时间的把握

一般人的大脑，在1小时之内，只能接受一两个重要的问题，也只能接受一两个新问题。这是心理学和生理学上的常识。在各类学校里，都是每45分钟为一节课，中间做一个短暂的休息，这是有科学道理的。

演示者在1小时之内，最好讲一两个问题为宜。然而这个适宜度，常常被不少的演示者所忽视。他们总想把自己几天准备的新东西——至少对听众来说是新东西，在很短的时间里都倒出来，如同一个向导，总想在一天之内，带着游客跑遍整个北京的名胜一样，结果游客什么都没有记住不说，而且疲惫不堪，毫无乐趣。

某演示者之所以没有把问题讲清，除其他有关因素之外，还在于他想在一定的时间内，把演示的问题尽量增多。这实际上不能算是演示，而是在“跑马”。把一句极其普通而易懂的话，说得尽量地快，听者一定会恳求地说：“我听不懂，请你讲慢一点。”在1小时内，讲上10个新问题，完全等于没有讲一样，反而把听众的思绪扯成一团乱麻，双方都白费心神。

有的演示或者说是报告，其内容往往在一两个小时之内讲不完，演示者怕中间一休息，就有人溜之大吉；或怕会场秩序大乱，或怕影响演说的进度等原因，中间就不休息，一讲就是半天。实际上，认为休息一刻钟，会影响长达两小时以上的演示进度，那是不科学的。在千言万语中，只要稍稍精练一点点，中间休息一刻钟，听众之间的相互交谈一下，听听大都是对演示的评价，这对演示内容的消化和印象加深，起到良好的作用。

两个小时以上的演示结束之后，附近厕所大都挤满了人，请问，听众在未进厕所之前，能安心听讲吗？所以，对演示者来说，还是及时地给听众提供一个小小的方便吧！更何况短暂的中间休息，对演示者本人也有说不尽的好处。

结尾的艺术和技巧

当一个演示接近尾声时，很多培训师会在心里想道：终于快要结束了。他们会感到十分疲惫，尤其这时听众又开始提问题。特别希望尽快结束这个演示，离开这个地方，所以我们倾向于匆匆回答提问，早点结束。

但是一定不要这样做。“虎头蛇尾”，“有始无终”，“强弩之末”这一类的贬义词语，都是用来描述事物末尾部分草草了事的。很多事情证明，结束和开始一样至关重要。百米赛是如此，人生是如此，演示也是如此。再举例来说，参加一个宴会，或到亲朋家做客。进门时寒暄，由于种种原因没有来得及把各自的热情全部表露出来，觉得过意不去。不过那可以在会见进行中，逐步把初见时的不足“填平补齐”。即使到了离别的时刻，也还可以不失时机补充表达自己的感情。热情的程度和言词吐露的真假及事情的轻重，都可以在最后的告别时充分表现。所以也有人说，高潮应该放在结尾上。一个好的结尾能给听众留下深刻的印象。就像古人创造的成语“余音绕梁”、“回味无穷”等等所形容的那样。

如何进行一个巧妙的结尾？以下的陈述将介绍一些教训，同样也介绍一些经验。

◆ 蹩脚的结尾

许多演示者在最后的时刻使整个演示黯然失色。根据我们的总结，大约有以下四种典型的蹩脚结尾方式。

滔滔不绝

能有东西可说，的确能够在一定程度上说明一个培训演示者的水平。于是，有些演示者就误以为：我说得越多，我传达给听众的信息越多，听众越会感觉到我的演示是有价值的，他们不枉此行。但是事实上，听众却不这么认为，特别是演示者翻来覆去讲的是一个意思内容的时候。知识是无价的，同样的，时间也是无价的。既然演示安排在既定的时段里面进行，演示者就需严格地遵从这个时间约定。考虑到也许听众们还有很重要

的事情在等着他们去办，却不好意思在你没有结束演示的时候退场，毕竟那是对你的不敬。你是否能够体会到他们心里面的矛盾而焦虑的心情呢？有些演示者绝对地有能力再继续讲一天一夜，但就是缺乏另外一种感应知觉：听众发出的信号——拜托你，放我走吧。有时他们让听众隐隐约约以为他们该说“最后一点”这样的话了，但是，天哪，这种希望到头来只是虚假的黎明，他又接着讲了下去。

好了，为了让听众轻松愉快一点，不必那么压抑。所以我们建议培训演示者给自己的演示准备一个时间框架。我们需要尽力遵照这一时间安排演示，并且在手边放一只准时的表。它将提醒你什么时候该放别人离开。

戛然而止

与上面所说的不知道结束的演示者截然不同，另外的一些演示者却采取了一种突然刹车式的结束风格。听众席里的人们正坐在那里，意犹未尽地听着。突然间，演示者莫名其妙说了声“谢谢”，演示戛然而止，就像是突然停电一样，事先没有一点征兆，也没有给他们一点准备。

这样的演示者很有性格，按流行语来说，就是很酷。但是他们可能要为此付出一些代价：因为没有留给听众任何线索，表明演示临近结束，也没有给他们机会消化与吸收，也许会有不少的听众紧抓不放——你先别走，我还有问题！所以，即使是演示者仓促结束了演示，也不会因此而变得更加轻松，反而眼睁睁错失了给听众一个强有力的结尾的大好机会。

致歉与道谢

人是需要保持谦虚低调的，但是过分谦虚也就变成了虚伪，反倒令人生厌了。妄自菲薄、自掉身价是公众演示者最忌讳的事情——如果你对自己都没有信心，如果你自己都不看重你自己，还能指望哪个听众相信你，相信你的演示吗？有些演示者以为听众来参加他们的演示是在遭劫受难（尽管极少情况下他们的确是正确的）。但是，这样不仅得不到听众的肯定和赞赏，结果却是让他们十分扫兴：“我花钱花时间来参加你的演示，难道就是要你讲这些无用的道歉的话吗？”他们绝对不会说你平易近人，和蔼可亲，而只会认为你没有自信，没有魄力，甚至会怀疑你的演示。所以，这些令人丧气的话还是不说为好。比如：

“好了，今天的演示终于结束了。非常抱歉，占用了大家这么多的宝贵时间。讲得不好，请多多包涵，同时，欢迎大家批评指正。说实话，诸位都是德高望重的企业老总，我本来没有资格来做这个演示，但是这是组织者的安排，我们还是应该遵从。不过，不管怎么样，谢谢各位的关照啦。”

好家伙！这一番话下来，给听众的弦外之音就是：“多谢今天让我来浪费诸位的光阴了。”所以，我们的建议是，哪怕你是临时代替别人去演示，也不必反复强调潜在的消极因素。不妨让听众自己来裁定优劣吧。

另外，即使意识到自己所讲的话过去别人已经讲过，听众已经听过，但是仍不妨发表一点积极的意见。比如：

“我希望今天我所讲的内容有助于重温和改变许多我们已经习以为常甚至司空见惯的论点以及观念。”或者“我们需要清楚一点：所知道的与实践中所做的，完全是两回事。不管我们对以上所讲的内容有多么的熟悉，其实最重要的，还是看各位在实践中如何应用，并将之转化为生产力。”

最后补充

我们经常会遇到一些演示者，本来演示已经快要结束了，忽然间他脑中闪现出了一点“灵光”，于是他停住结束语，话锋一转，又掉头回去补充他认为需要强调的内容。让听众感到措手不及。

比如他们会这样：“好，我们的演示就到这里结束了……哦，我忽然想起来，在讲上一节内容的时候，我讲一个非常重要的知识点全然忘掉了，现在给大家补充说明一下，请大家将手中的资料翻到第55页……”

你觉得听众会是什么样一种感受呢？或许我们可以用哭笑不得来形容。正当他们听到“结束”两字，内心“放松下来”的时候，却突然听到你要掉头重来，松下来的弦一下子又要绷紧。

如果演示计划合理，时间安排得当，准备充分，那么这样一种疏忽就不会发生。演示者本来打算详解某些内容，但由于时间或者疏忽的关系忽略过去了，如果培训演示者自己不跟听众说，噢，我漏了哪里哪里，听众是不会知道这个情况的。但是很多培训演示者就在结束语中不合时宜地提了出来，这时听众就明白了：原来你漏了内容，说不定不止一处，还有很

多呢。所以，我们建议，结束的时候就干净利落地结束，没必要提及什么“对了，有个内容我忘讲了……”。如果的确需要在快要结束讲话时希望提出另外的论点，那也应该是自然地夹杂在讲话里，而千万不要提醒听众注意到：你是真的忘了在早一点的时候提到它。总结如下：

最狼狈结束的三种演示者

- “不辞而别者”。这类演示者等到演示到最后内容的时候，就边说边走下台，演示内容最后一个字出来了，他的人也就不见踪影了。完全不跟听众打一声招呼，既没有内容总结概括，也没有给听众另外的交代。
- “落荒而逃者”。这类演示者内容倒是完整地演示完了，不过却是一副急匆匆要离开的样子，像是一位背后有追兵的将军，连他放在演示台的道具也顾不得带走，丢三落四，逗得听众哈哈大笑。
- “上下两难者”。这类演示者已经把话讲完，就是不知道如何停止，于是就把接近结束的几句话反反复复地说，如同捉牛抓住了角，松不了也放不下，只好握住牛角打起圈子来，听众又不便伸手相助，只好看着他满头大汗而发急。

◆ 七种结尾技巧

如果说演示的主体内容是一个奶油蛋糕，那么演示的结束语就应该是放在其上的那颗草莓。就像电影常常被人们追寻的是它的结局一样，好的电影结局不但令人期待，更加令人寻味。一场电影下来，往往我们记忆最深的就是它的结局。演示当然不是电影，但与之相同的是人们的记忆规律：前面的所有铺垫和过程都慢慢地在头脑中变得模糊，而唯一只留下了它的结果。

上面陈述了几种培训演示者们常犯的蹩脚错误，下面介绍的将是七种行之有效的结尾技巧。

悬念与余波

许多演示者都喜欢使用案例进行演示分析，通常情况下，如果听众无法通过自己的思考理出头绪来，他们是会提供参考答案的。不过，如果放在结尾的地方，轻易地揭开谜底则不是一种更能给听众留下深刻印象的做法。有时候培训演示者要与听众一起共同研究（那的确是比较难的问题，也许演示者自己也没有答案），有时候却是要故意地设下悬念，定然要听众在演示过后仍然绞尽脑汁地思考他的问题，记住演示的内容。

比如在做题为“创新思维与企业革新”的演示的时候，有一位演示者这样结束他的演示：

“各位，在演示的最后，我想留给大家一个未完的故事：有一个中型国企，位于东北粮食基地的一个交通枢纽型乡镇，在过去几十年里专门从事粮食的深加工，产品包括面粉、大米、冷饮制品等等，曾经远销全国各地，工人人数达到10000余人。但到了20世纪90年代初，工厂开始亏损严重，被迫停产，全部工人下岗。在2004年，国家提出振兴东北老工业基地，出台了大量的优惠政策。于是，我的一个朋友，香港的周老板，以很低的价钱收购了这个厂子，虽然有税收优惠，但是如何做才能使这个企业赚到钱?这个故事怎样续才能有一个好结局，我把这个任务交给大家了。等我们再相聚一堂的时候，希望能够听到非常多版本的令人痛快的故事续篇。好了，感谢大家今天的捧场，欲知后事如何，请听下回分解。”因此，好的悬念性结尾，可以成为整个演示中的“压轴戏”，就像一个扔进听众口中的“五香豆”，令人回味无穷。

最后的强音

有一些演示者，会在演示的最后将所要表达的思想内容更进一层地去进行强调。从语言的深度来说，就是让语言的含义一层高一层，一句比一句有力。采用这种手法做结束语，不但可以避免虎头蛇尾之感，还会像文艺舞台上的“压台戏”，特别令人期待并留步倾听，最后发出雷鸣般的掌声和热烈的喝彩。

比如“团队制胜”演示的时候，有一位演示者就是采用了这种方法，在最后的总结陈词中用高亢的声音强调：

"无论什么时候，请你们记住：没有完美的个人，只有完美的团队!也无论什么时候，请将这几个字挂在你们公司最显眼的地方："团队精神!团队精神!!团队精神!!!"

引语呼应

在介绍开场白的时候，我们介绍了一种以引言开头的方法。这种方法的确可以起到掷地有声，一鸣惊人的效果。同样的，引语也是结束发言的一个好办法，如果开头运用了一段引语，那么，此方法就更有效了，因为，首尾呼应可以使演示显得统一连贯，而且有意识地提醒听众开头的观点。不过在运用这个方法的时候需要确定一件事，那就是这个引语与演示最后要强调的观点有直接的联系。当然，引语可以是直接引用，也可以稍做改动。

举例来说：

"今天上午我提到了，美国心理学之父的威廉·詹姆斯说过：。你改变了你的态度，便可以改变你的人生。'我希望今天在座的各位，通过这个演示，将我们分享的各种观点和观念铭记在心，从改变态度开始，改变我们的行为，改变我们的习惯，改变我们的性格，从而真正改变我们的人生!"

号召

任何一个演示，都带有某种目的。在演示之前，演示者本身要清楚地知道：自己的演示到底要告诉听众什么？要改变听众什么？需要他们做到什么？在整个演示过程中，我们要传达给听众所有的这些答案的信息。并且，这些信息同样地可以加以强化并在最后的时刻再次传达给听众。这个方法，可以直截了当地提醒听众，他们有责任采取行动或是追随某种信念。不过，号召必须铿锵有力，而且其中须包含号召行为正当的主要理由。

"世界上所有的知识都是要经过时间才能形成生产力。今天，我们在演示中介绍了许多电话营销中使用的技巧和训练方法，我想问大家一句，你们回去之后会不会将他们付诸于实践，在日常工作之后运用?会不会?请回答得大声一点……好，让我们记住自己的诺言，一定学以致用!"

致以祝愿

如果考察一下，我们会发现：世界上的书信，没有几封不是用祝愿和希望的话来结束的。演示也一样，采用这种方法作结束，是演示者们公认为最为上乘和不容易出错的。

人们为什么总要把祝愿和希望的话放在最后呢？那是因为此刻比任何时刻都更能表达演示者的心意，能给听众留下最深刻的印象，让美好的"祝愿"和"希望"之词，"装进"听众的心里，好顺便带回去。

把希望和祝愿的话，直接转换成任务和奋斗目标的言词作结束语的演示，也有很多。比起之前的语句，它的鼓动性更强烈，号召力更大，可以唤起听众的激情进入最高潮。

总概括

在演示结束时，把其要点或意图简明扼要地再概括一下，这个办法也是很多演示者常用的。使用此方法的演示者把要点再重叙一遍，并从中得出结论。

演示的内容延续时间较长，演示者自己对其要点早就思量过，对所讲的要点已是很清晰了，但在听众方面还是很生疏的。虽然听了一大堆话，却没有几句能够记在心里，所以把前面讲过的再归纳总结一下，那倒是很必要的也是容易做到的。

演示的内容如果确实多而杂，那不免要剔去"肥肉"，只啃"排骨"，把演示的提纲或小标题再搬出来，屈指给大家再数一数，即把各要点、做法、希望、要求等再抽筋似的重述一次，以便让听众加深印象。

这种结尾尤其适用信息性演示，因为它提醒听众演示中的主要论点。它也非常适合说服性的演示，因为它使演示者在最后有机会再重复一遍自

己的主要观点。

进一步引导

因为知识总是随着实践的发展而变化的，每一个言之有物的演示，都需要介绍某一事物的历史，总体架构，现状和发展趋势。身为培训演示者，你的主要观点是什么？你对事物的发展的看法是怎样的？在最后结尾的时候，重复自己的主要观点，再加上进一步的引导，如以往听众接受该观点或采取自己所提议的行动的事例。以这样的方式结束发言，对听众而言，整个演示更能起到方向性的指导作用。

例如，在“六顶思考帽”的演示中，有演示者是这样结束的：

> “以上所介绍的就是为什么我们要运用六顶思考帽的集体思维方式，以及如何应用六顶思考帽来提高我们的思维效率。下面的5分钟请诸位有什么问什么，我将一一作答，然后我将请我的助手李小姐介绍一下六顶思考帽思维方法在我们公司的应用情况。”

结束早比晚好。如果结尾唠唠叨叨，结尾弄得比古代农村婆娘的裹脚布还长，那还不如只要一句话的结尾。坦白地说，很少有演示因为结束得早而失败——除非结束得早是因为缺乏充分的准备。如果能在比事先预定的时间更短的时间内演示完想演示的或需要演示的每个点，那么这是一种额外的奖励，而不是错误。不要为了把演示拖延到正式规定的时间而画蛇添足，结果破坏了演示原有的效果。在这种情形下，最好的方法是延长问答的时间，或者增加一个额外的调节舒适气氛的休息时间。

◆ 结束语四项标准

如何去衡量一个结尾是好与不好呢？怎么样的结尾是可以令听众欣然接受的呢？不管采用什么样的技巧，演示者要在结尾部分出彩，作为有效的结束语一定要达到以下四个目的。

告诉听众演示到此结束

这是结束语最基本的功能。如果“结束”而不止，就会令人丈二和尚摸不着头脑，深感费解。

建立深度的亲和力

没有亲和力就没有魅力，只有能够符合听众需要的、让听众心悦诚服的结束语才能拉进培训演示者与他们之间的距离。深度的亲和力使培训演示者容易赢得听众的信任、支持和爱戴，也因此演示的内容才可能得到他们的尊重。

使演示的影响得到强化

通过重申演示中的要点，对演示的内容进行总结性概述，以及进一步引导思考等等，使听众对整个演示有了更深的印象，更广泛的认识，和更牢固的记忆。实际上，这也就是一个演示者最大的愿望：如果自己的思想内容不能够被别人所了解和吸纳，那演示还有什么意义呢？

获得想要获得的听众反应

如果演示能够在最后显示出更强的威力，发出最强音，将听众的情绪也调动到最高涨的程度，这样的演示结束的时候会获得如雷的掌声。如果听众在最后感动得流泪，或者激昂得要狂呼，悲泣得要痛哭等等，他们的反应如你所愿，那就说明这个结尾真的很不错哦！

一个好的结尾是用心设计和演绎出来的。要设计和演绎出一个好的结尾，我们还需要遵守另外的几个原则。①以明快简洁为原则。演示的最后几句话，能像秋末瑰丽的晚霞一般收得快当利索，而且伴有“归舟渔歌”似的娓娓之声，那自然不会使人厌倦。如果像老婆婆一般絮絮叨叨，就会前功尽弃。②事先为结尾设计好内容。结尾要清晰，简洁，具有说服力；但是纯粹文字的内容会显得枯燥没有趣味。适当添加一些栩栩如生的图画，会产生引人注目的效果。③预先练习，掌握时间。常常有人说没有时间结尾了。这恐怕是培训演示者的通病，不知道自己会讲多长时间，准备好的结尾因受时间限制而不能用，只好仓促结局。所以

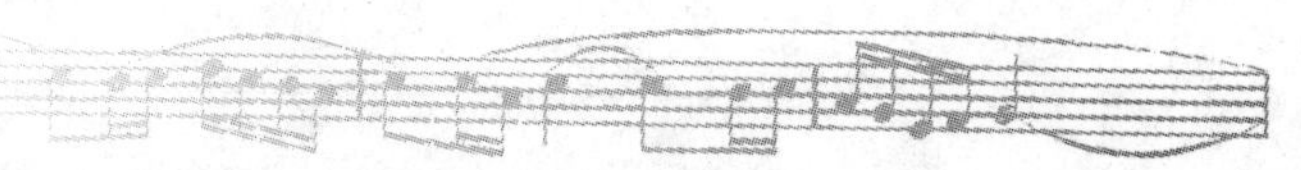

预先的练习，来掌握时间节奏是必须的。

演示技巧八大注意

你精心准备了演示文稿，配置好了会议投影设备，并设计了出色的视觉图像。可是当你面对观众讲解时，可能会因为一些不良习惯，几分钟内就会失去你的听众。更糟糕的是，你根本没有意识到这些问题。下面列举了一些讲解中常见的缺陷，提醒你要注意避免。

严谨过度

在口头上表达上，数字没有必要太过精确。73.5%这样的数字最好不说，说“将近75%”即可，或者索性说成“将近8/10的人……”也许更好，更意味深长。当然，在某些情况下，确切的细节却正中下怀，但是多数人则是会接受“大约”数字，这样他们转述起来容易。

不受欢迎的动作

如：咬嘴唇，不断地扶眼镜，敲打笔尖，摆弄头发或者衣服，斜靠着讲桌或什么东西取得支撑，等等。

太多的手势

手势太多比没有手势更糟糕。

粗糙的文本编辑

任何一个文字错误都代表着不细致的编辑，影响内容的可信度。

背对观众

不要对着投影屏幕、白板或者显示的图表说话，如果要参考这些内容，身体斜45°角站立，始终面向观众。

大声朗读屏幕上的文字

听众阅读屏幕上材料的速度比语速更快，因此不要大声朗读。只要做一些材料外的补充就可以。

不停地看手表

这非常不礼貌。我们完全可以用感觉计算每张演示文稿所耗用的时间，或是设定笔记型计算机画面下方的工具列显示时间。不停地看表只会让听众觉得我们不耐烦。

跑题过频

跑题有可能是演示者在论述的时候展得太开，高论一发不可收拾。也可能是在听众提问的时候，问答进行得太过热烈，持续时间很长。前者往往让听众思维跳跃性跨度太大，无法适应，不知道培训演示者到底在论述什么主题。后者则可能耽误正常的时间安排。解决这个问题，主要靠培训演示者能够时刻提醒自己把握进度了。

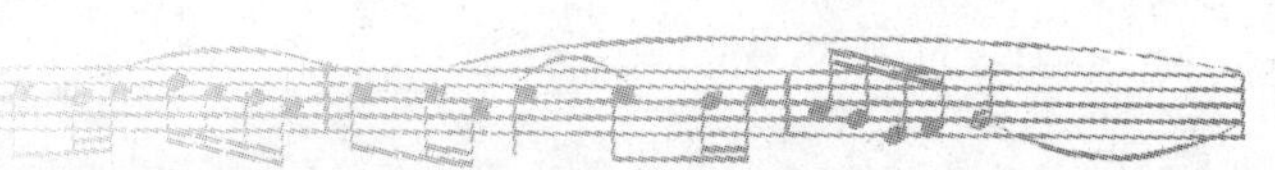

第一部分　演示

第八章　演示者的场控技巧

1

有人说：站在讲台上，所有学员都是你的，整个教室都是你的，这里的一切都是你的！

培训师在培训演示场所中的控制能力，称之为培训演示者的场控能力，是培训师的一项非常重要的技能。

这一章，我们的任务是讨论一个培训演示者怎样通过各种技巧对全体听众进行有效的“内在控制”。

用热情感染现场

热情是人的言谈、感情和举止态度的综合表现之一。它是人们互相团结的纽带，更是演示者成功的必备条件。能够获得听众最大赞扬的莫过于热情，人们对于热情无不报以欢迎的态度。

演示者的热情到了心潮澎湃的程度，听众也就易于激动起来。演示者本人持有的冷淡如在零度，那么听众的情绪就在零度以下了。

由于热情的存在，听众往往不再留心演示者的瑕疵或次要的错误。尽管你的语言不美，举止也缺乏机智，少有演示的章法，语句也还犯有文法上的毛病，知识也显得不丰富，但话是从内心里发出来的，并且伴随着与其相一致的热情，那无论如何都会赢得听众的同情和赞誉。

热情会使一切相宜的神态油然而生。真正的热情从来都是自然的，做作是热情的反面。“过分”的热情会使人生疑。把握住热情的分寸，不仅是为人处事的要领，更为演示所必需。热情不可少，热情是评价演示好坏的一个重要标志。

总的来说，上述这些，对演示成败的影响，虽然都是属于次要的，就整个演示而论，那是不能单凭表情动作和姿势来“论质定价”的。但绝不可忽视。要知道，演示者的外在表现却是能够被观众直接捕捉的。

那些卓越的演讲者，他们在演示时的精彩之所以能让人们称道，就是因为他们充满激情、协调而又庄重的神情和姿态，能被当时的人们直接目睹。不但如此，而且还能被人们将其藏在心里，留下不可磨灭的印象。

就凭这不可磨灭的印象，雕塑家通过雕刀再将其重现于人间，艺术表现家通过艺术手腕，将其再现于文艺舞台，文学家和画家们，运用笔墨和颜料，将其描绘下来。

保持轻松自如

当自己不在意别人的看法，而全身心投入到演示之中去的时候，我们就已经成功了一大半。

保持轻松自如包括以下几个方面。

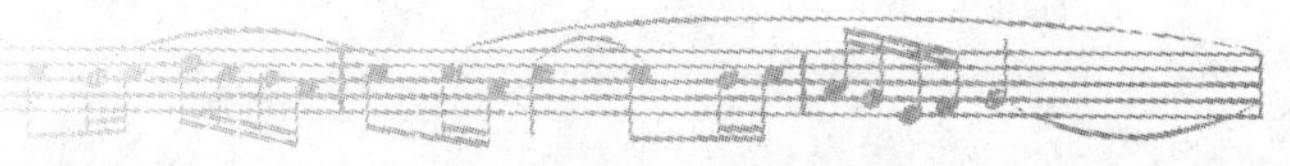

◆ **讲话自然**

书面表达与口头表达是不同的。假设我们读这样一份书面形式的讲稿——我们在吃饭时向服务员订早餐。听众可以听到我们这样读道："你好，先生。我今天早上到这里来的目的是要购买早餐。我购买以下几个品种：①鸡蛋；②包子；③稀饭……"

你也觉得可笑吧?

所以，演示的时候务必保持自然，并且用通常讲话的方式讲话——用通俗易懂的口语、缩略语和成语等等。如果要事先准备笔记或讲稿来确保整个演示进程的顺畅，那么建议用通俗易懂的语言来写这份讲稿。

另外，演示表达的时候参照笔记，可以使人不会忘记重要的材料，并且保持演示的条理性和顺序得当。但是，如果过分依赖讲稿，就不好了。那样，就显然是在照本宣科念讲稿，而不是当众演示。最好在看笔记时，稍微顿一下，一旦知道下面要讲什么，就抬起头，面对听众。

当使用讲稿时，讲述一页12号字双倍行距的讲稿，通常要花1分20秒。讲稿打印时，要使用在讲桌上较易于辨认的字体。突出要强调的字句（使用下划线或粗体字），并且注上在哪里需要停顿。简要说明什么地方需要改变使用直观演示工具（星号比较常被人们使用）。下面是一份做好标志的讲稿。

事实上，正如早期人们对分工的重视一样，"分工"基于提高效率的需要，专业化、有效分工是企业生产效率的关键，但是，伴随着人才战竞争的加剧和经营环境的变动性增强，团队精神又逐渐被重视起来，许多企业开始重视横向协调、团队组织、流程为导向的组织设计等。但是，术有些企业成功了，而也有很多企业失败了。

◆ **语调丰富**

我们都还记得小兔子和山谷的故事。小兔子在山谷里面大声喊："你

好啊！……”然后山谷回应说：“你好啊！……”小兔子觉得好玩，它声音低一点，山谷也跟着低一点，高一点山谷又跟着高一点。

在演示当中，因为不同内容的需要，所适合的语调并不一样。意思就是说，在演示过程中，语调必须丰富。在强调某个部分时，声音需要大一些，而对其他不那么重要的部分，声音不妨低一点。不过，必须确保哪怕是坐在最后一排的听众也能听到，这样他们就可以始终觉得他们是听众的一部分。只对前排的听众说一些轻松的话语或开玩笑，会疏远其他的听众。

◆ 站姿稳重

许多演示者对演示时身体和手该怎样放心中无数。成功的培训师的经验是把双手放在腰部的位置。如果站姿稳重、匀称，就会避免出现前后、左右摆动的情况。如果肘部弯曲、保持双手位于腰部的位置，就会手势自然，并能增强所表述内容的效果。

◆ 站在屏幕旁边

不管是用什么样的投射设备，站在什么地方都是个问题。在整个演示中，都站在讲桌后会让人看起来没有屏幕上的直观演示内容重要，而站在听众和屏幕之间则阻挡听众的视线，站在房间的一角也会阻挡部分听众的视线，它同样也会使演示者分神于听众和屏幕之间。

成功的培训师建议我们站在屏幕旁边，身体与屏幕成30度角，这样可以与观众保持目光接触。然后，用靠近屏幕的手指着要提醒听众注意的内容。用手指着的这一动作可以让听众明白他们必须要看的地方，并且这种姿势可以允许我们的身体做些动作并保持轻松。

现在有一个问题，就是当手指向屏幕的内容时，屏幕发出的亮光会照到我们的脸和身体上，那怎么办？在指着屏幕的这几秒钟内就让它照着好了。然后，当解释屏幕上内容的意义时，可以向后站一站以躲过亮光。

有时，我们只能站在讲桌后面——例如，当必须查找准备的手稿时可是，请记住，讲桌造成我们与观众之间身体和心理上的隔阂。所以如果能避免站在讲桌后面，那就尽量避免。

如果不能避免，那至少在做介绍时和演示结束时，打开屋内的灯，人

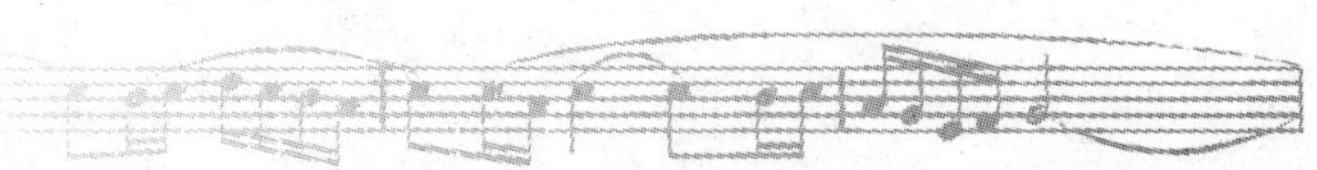

与讲桌并排站着。当要展示屏幕上的内容时，再站到讲桌的后面，这时观众已不再注意我们而是在看屏幕上的图像。

如果要活动自由，就得配一个颈挂式话筒、夹领微型麦克风，或者是无线麦克风，而不是连在讲桌上的麦克风。

◆ **不拿“武器”**

我们手上已经有讲稿、遥控器、麦克风线、笔等足够多的东西，没有必要再用其他的东西来增加紧张程度。而且，对大多数培训师来说，如果拿着教鞭，它就是一种武器。可以用来回避听众，敲打屏幕，拍打桌子。如果教鞭是折叠的，一会儿打开一会儿关上，这可能扰人心神。所以，最好是亲自去做计划做的事情，用胳膊和手来直接指向屏幕。而只有在指向我们够不着的地方时，才借助于教鞭。

激光束也是一种“教鞭”，但是为了有效，最好能够确保投射的准确度。否则，光的移动会分散听众的注意力。

屏幕上的演示，则可以通过鼠标移动来完成——这也是一种教鞭。不过，我们还是要尽量缩短这个教鞭跨越的距离，因为它的摆动也会分散注意力。

激发听众的兴趣

兴趣是指对某种事物的积极的认识倾向与情绪状态。人们都说，兴趣是最好的老师。从教育学上来说，如果一个人对某样知识没有兴趣，那么无论你怎么逼他去学这个东西，也不会学得好；相反，如果一个人对某样知识有兴趣，即使你不让他去学，他也会自己主动去寻找这方面的资讯。因此，我们认为兴趣可以充分调动人的积极性与创造性，促进人们掌握知识、发展智力，并见诸行动。在演示当中，作为演示者，需要充分的调动起听众对演示的兴趣，这也是演示取得成功的重要技巧之一，总结如下。

人们最感兴趣的事

● 人生趣事

喜欢听讲人生的故事是人之常情。特殊人物的一些事和普通人的特殊事，尤其是大家熟知的人的故事，人们是最爱听的。关于人生的故事，不管是喜还是悲，都是永远动人的。

● “我和我们”

人最关心的是什么?是他们自己。人世间兴趣的集中点不会有比“我们自己”更感到趣味的了。而人们最关心的三件事情无非是：爱情与婚姻，待遇和财富、信仰和名位。如果在演示当中，不但采取了当地所发生的事，而且还使用了当地的有关语言，再把事情描述得历历在目，那趣味就更浓，听众的兴趣就更加高涨。

● 身边新鲜事

人们一般对完全旧的事情自然不感兴趣，即使是全新的事情，那也未必能吸引更多的人注意。而人们喜欢的往往是一些与自己生活有关的新鲜事。人们听你谈论他本人注意的事，比听你谈论任何伟人的事情更为高兴。你谈的事情，一定要使听众的思维所能及，力量所能达到，这也就是为什么人们对自己的小事往往比任何重大的事情都要关心。

◆ 有针对性的内容

在演示前一定要作一番调查研究，尤其要了解听众是以哪个阶层的人为主的，文化程度如何，年龄结构如何等等，这样，才能了然于胸，有的放矢。这样，除了在内容设置上面迎合他们的“口味”，引起他们的兴趣之外，还可以在语言风格、案例分析、互动游戏等方面有意的往听众所熟悉和关心的领域靠拢。更详细的分析可以回阅本书的“演示内容设计”一章，在此不再累赘。

◆ 深刻的阐述

听众感兴趣的演示，总离不开“情”、“理”二字。成功的演示能给人以前所未有的启发，使听众看到以前看不到的事情的本质，听到以前听不到的渴望和呼唤。理的阐发，情的升华，可以达到演示者和听众之间感情的双向交流、互为影响，收到一种发人深省、振聋发聩的效果。

深刻的阐述有理有据，由浅入深，是足以吸引听众的。

◆ 幽默的语言

幽默和风趣是智慧的闪现。“笑话和幽默令人愉快，往往还是极为有用的。”在演示中适当地发挥幽默的力量，可以帮助演示者消除和听众之间的紧张感，委婉地表达自己的意见，巧妙地解除窘境，善意地说服别人。

许多演示者常在演示开始时使用幽默，借以打开沉闷的局面，缩小他们和听众之间的距离。在演示过程中使用幽默，更能使整个演示情趣盎然，引人入胜。演示的兴趣性，来自内容的针对性、深刻性和语言的幽默性，这些技巧能够使演示成为吸引听众心灵的磁石。

◆ 图画般的语句

使用图画般的语句，因为这种语句有一种特殊非凡的表现能力，它易于使听众从形象中了解寓意，克服那种枯燥无味使人听了入睡的平淡叙述的弊漏。

“这件事情是多余的”这样一句话，在有些人口里吐出来则不然，他会用像图画一般的句子，比如“在金子上再镀一层金粉”、“把百合花再涂上色”、“把紫罗兰再洒上香水。”有着视觉色彩而不被人忘掉。

善于言谈的人，讲起话来，大都语言丰富，形象和动听。他不是博览群书，就是时刻留意成语、谚语、比喻和带有形象色彩的语句的使用。一个优秀的演示者应该两者兼而有之。

吸引听众的注意

在演示当中，意识通过注意力对听众进行指向和集中。由于信息的传递和接收是一种复杂的心理活动过程，在这个过程中演示者和听众只有集中精力、专心致志才能达到预期的效果。倘若演示者不能将听众的注意力

吸引到演示中来，那么听众对演示的内容和思想既没有感知，也不会产生积极思维，更留不下深刻的印象。

◆ 诱发无意注意

有目的的注意是有意注意，无目的的注意是无意注意。而有意注意往往是由无意注意引起的。比如，听众对某个事物本来兴趣并不是很浓，没有一种有意识的欣赏目的，然而无意间发现这个事物的图片很特别很漂亮，或者演示者的某句话突然使他感兴趣，于是注意力一下子便被吸引到演示上来了，并开始认真地听讲。根据这条规律，我们应当千方百计地诱发听众的无意注意，并使之转移到有意注意上来。引人的题目，离奇的故事，精辟的措辞，动人的声音等都是优秀演示者吸引听众无意注意的有效方法。

◆ 促进有意注意

有意注意是一种自觉的、有目的的、需要有一定意志努力的注意。无论是哪个演示者都不能满足于引起听众的无意注意，而要引起听众具有持久性的有意注意。

心理学的研究发现：如果总是用相同的或类似的信息进入听众意识的话，那么听众大脑皮层的某些生理机能的规律会使他们的注意暂时地自动中断。因此演示者在演讲的开头就要想方设法，使用各种方法来引起和加强听众对此课题内容的有意注意。

◆ 影响注意的四种原因

影响听众注意集中的原因大致有4种：

① 演示内容重复或缺乏思想性、知识性、趣味性，没有吸引力；

② 演示时间较长，又缺乏新意，听众产生心理疲惫；

③ 演示平淡乏味，听众思维进入抑制状态；

④ 外界其他刺激的干扰，分散了听众的注意。

心理学的实验表明：人的注意集中只能保持短时间的稳定性，如果15分钟后没有新的刺激作用，注意就会分散转移。因此演示必须适时而效地

吸引与控制听众的注意。

◆ 吸引注意的常用方法

注视法

通过眼神交流，提醒个别注意力不集中的人，使对方在注目下惊觉，回到听讲中去。

提问法

提出与演示有关又有趣的问题，引起听众的思考，使分散了的注意力又集中起来。

转移法

穿插一个小故事、小幽默，使听众的精神在短暂调剂后再回到正题。

赞赏法

表扬注意力集中、听讲认真的听众，使其他听众在榜样的感染下，增强自己的注意力。

提高听众的感知效果

感知是指客观事物直接作用于人的感觉器官而在人的头脑中的反映。根据科学的分析结果显示：听众的感知程度与演示效果成正比。演示者和演示内容给予听众的感知信号越强烈，听众留下的印象与记忆就越深刻，反之则肤浅。感知是认识的开端，只有感知力强的演示才能够吸引听众的注意，才有较高的关注度，才可能被主动而努力地吸收。

◆ 加强对比

人的感觉器官在接受不同的刺激时感知会产生相应的变化，相关的实践经验告诉我们：突出演示主体可以提高听众的感知效果。这是为什么

呢？道理很简单。比如“万绿丛中一点红”，红显得比平常更鲜艳夺目；在寂静的夜晚，外面的酒楼会显得比白天更加嘈杂；吃完苦药喝白开水，会感到具有甜味……这都是对比的效应。根据这一效应的原理，我们可以在演示中尽量增设各种反差，突出演示主体，给听众以强烈印象，从而提高感知效果。譬如：衣着色泽与讲台背景底色的反差，可刺激听众的视觉；开场白的新颖独特，可刺激听众的听觉；幻灯片上对比强烈的色彩搭配等，这些都可以引起听众的关注。

◆ 从听众熟悉的谈起

人们在感知客观事物时，总是依靠已有的知识和经验来帮助理解和判断的。演示是有声语言和无声语言相互结合的艺术，听众的感知借助于演示者的口头语言、形体语言还有直观教具等来实现。无论是演示者所说的话，还是所运用的其他演示表达工具，愈是接近听众的社会生活和工作实际，愈是通俗易懂，为群众所领会，听众的感知效果就愈为明显。

也许我们都有这样的经历和体验，就是即使我们正把心思放在其他的事情上面，但耳边只要滑过一句以前曾经听到过的话与或者看到以前曾经看到的东西，我们都会很灵敏能够感觉到，并且会不由自主地将注意力转换到这些自己似曾相识的事物上来。这就是很多人都表示赞同的一个道理：人们总是对自己熟悉的事情保持最强的敏锐性，并给予最高的关注，而其中，人，最关心的是他们自己。因此，在演示当中，不仅应注意应用听众原有的知识与经验去浅化道理，还应尽量结合听众关心他们身边的事情去展开分析。

◆ 巧用方言

方言是某一地区的人们所使用的语言。我国因为幅员辽阔和民族众多，自古素有各种各样的南腔北调共生共荣。口音腔调的繁多，给了我们除普通话之外的很多语言表达的素材。

一般情况下，演示需要用全国统一的语言——国语来进行。但是，有些时候，演示在某一个区域性地方举行，如果90%的听众能够听懂，那么穿插方言可以起意想不到的效果。

又比如，在上海演示，很多听众都是上海人。一个精彩段落结束之后，听众热烈鼓掌，演示者用上海方言说："谢谢侬！"听众们一听，倍感亲切，欢呼起来，掌声更热烈了。这一句话顿时就使演示者与听众之间拉近了距离。

再比如，有演示者要表现一些企业员工恶劣的工作态度，说无论是上司、客户还是外来的拜访者，这些员工回答他们问话的方式都是统一的一句话："我母鸡！"（粤语"我不知道"的意思）这个方言的运用使台下的听众会心地笑起来，对这个内容自然印象深刻。

◆ 调动各种感官

感知是多种分析器官协同活动的结果，把一个事物的各种属性分别作用于人们不同的感觉器官，使听众各种分析器官参加活动如眼看、手摸、耳听、口尝等，人的大脑皮层便会产生多通道的暂时神经联系，加强感知的效果。比如在演示中附加图片讲解、放映录像、辅以展示实物、设置互动游戏、增加讨论和课堂练习等这些都可以增强听众的感知度，提高演示的效果。

总之，要提高听众对演示的感知效果，就应该从多方面去激发听众对演示的兴趣。因为一个人对知觉事物有无明确的目的、浓厚的兴趣和积极的态度，对感知的效果有直接的影响。凡是听众有需要，有兴趣的，他的感知活动就自觉、活跃。反之，则漫不经心，留不下感知的深刻印象。除了以上所提的三个技巧之外，还有很多看似不起眼的做法也同样可以增强听众的感知效果，比如以真挚、热情、尊重的称呼打动听众，以真诚的微笑感动听众等等。

增强听众的记忆

记忆是人们形成认识，从而改变自有观点，改变行为的基础。人不能没有记忆。如果没有记忆，就活像一个没有把货车捆扎结实的车夫，他只顾往前赶，头也不回，赶回家看时只剩下一辆空车。如何让听众最大限度的记忆住演示的思想内容？如何让演示更加具有实际的效应？演示者负有重大的责任。他不能仅仅满足演示现场中的瞬间效应，而要认真地研究如

何增强听众的记忆，即如何使听众有效地保持对演示内容的记忆。

◆ 先声夺人

听众对第一印象特别敏感，特别深刻。第一印象的好坏决定了听众接下来听讲的兴趣、感知、理解和接受程度的大小。由此，我们不仅要以一个独特新颖的开头吸引听众，而且可以将演示的核心观点放在开首亮相，给听众留下深刻的印象。

◆ 最后打烙印

实践证明，最后留给听众的信息，他们对此印象也比较深刻。据此，演示者在某一个内容结束的最后，再画龙点睛地强调和突出其重点和主题，给听众最后打上烙印，就能够让他们较长时间地保持重点思想内容的记忆。

◆ 重复提醒

研究显示：人们在记忆一系列材料时，前面对后面有干扰，后面对前面也有干扰，中间部分由于同时受前、后的影响，所以最容易遗忘。

所以演示者需要注意两点：第一，不要将重要内容、核心观点放在中间；第二，倘若中间内容重要，需采取重复的方法，使听众反复识记，以巩固识记的效果。

◆ 形象演示

具体的形象具有熟悉性、情感性，容易引起注意和联想，同时也不易遗忘。百闻不如一见。演示时，有实物拿给听众看看，那是最为上乘的手段。如有美术天才，可把演示要点十分生动而形象地绘成图画，利用它来帮助演说，那肯定是很助兴的。演示者除了可使用一些实物和图片来加深听众的印象之外，还要注意少用种概念（指量广质浅的概念，如生产资料、生活资料、日用品等），多用属概念（指量少质深的概念，如插秧机、猪肉、茶杯等），以便给听众留下具体形象的印象。

形象素材的显示，还会引起听众的充分的想象，从而可推动有意的记忆。比如向听众介绍日本企业5S战略实施的效果，就可以进行具体的描述：

"这些工厂，环境优美，通道上的物品和车辆等无论什么东西都摆放得整整齐齐、井然有序；工厂内不论办公场所、工作车间还是储物仓库，从地板、墙面、窗户到天花板，所能看到的均是亮亮丽丽、整洁无比；在相当舒爽的工作环境之下，与之相对应的员工的态度也是非常严谨，工作井然有序，生产配合流畅，给人整体的感觉就是高素质、高效率。"

有了这样的具体素材，听众通过自己头脑的重新组合、分析，想象出实施5S战略后的企业那种整齐、整洁和高效的场景，并在记忆中留下难以磨灭的印象。

让听众心悦诚服

演示的目的是为了向听众传递某一种信息和思想、观点。如何演示？使用什么技巧？才能使听众高傲的灵魂诚服于我们的思想？

◆ 用恰当的语气

以声音的大小来表现语气的轻重。一旦觉得自己的声音变的单调而平淡，不妨停止几秒钟，借瞬间的停顿，提高分贝，把声调重新矫正过来。

关键地方提高声音。把自己认为重要的单字或短句，将声音突然提高或者降低，造成抑扬起伏的声波，送到听众的耳中。但要使人感到和谐而不刺耳。

变更演说速度突出某要点。变更演说速度，可使某要点特别明显地表现出来。如很快地一口气讲出许多字，遇到表达要点的字，就把声音特别的提高拉长，或前或后停顿瞬时，然后再一口气闪电般地讲完全句。那种滔滔不绝地一个声调地讲下去，未必能获得听众的喝彩。

赐予听众的耳朵最优惠的待遇。人的听觉器官不能总是受一个调子持续不断地刺激，否则即使是最优美的音乐，它也会使人感到疲劳和厌烦。听觉器官和整个人体一样，在连续的工作中，也渴盼着一刹那的休息。在自己认为讲到重要的地方，而听众又急需了解的时候，暂停演示，赐予听

众休息。像讲章回小说的曲艺家，每讲到最热闹的前后，就要“下回分解”一样，可获得异曲同工的效果。

“先抑后扬”。如果想把一个重要的意思，深印听众的心里，可以把身体向前略倾，两眼盯住听众，一言不发，几秒钟过后，突然将一个重要的内容强有力的吐出来，让刹时的沉静和突然的发声有机配合，使得演示有声有色，会场的气氛得到理想的调节。

◆ 用事实说话

俗话说：“事实胜于雄辩。”没有事实作为依据的论断没有说服力。比如说我们下一个论断说“这个企业管理不规范”。为什么这么说？我们要用事实来向听众说明：

> “上次，我以一个普通人的身份打电话到他们公司的总台，问他们会展事业部的电话，接电话的小姐说了一句‘会展部已经撤掉了！’就把电话撂下了。后来，我到了他们的公司，看到了他们的办公环境。本来是很好的写字间，看上去却像一个废品堆积站。员工上班有穿拖鞋的，也有穿大短裤的，还可以看到光脚丫到处走的！”

听众听到了这样的事实，自然会在心里同意你的看法：“是啊，管理是够混乱的！”

总之，演示不但要确切，还要具体。不管登台做什么内容的演示，都要从实际出发，以事实为准绳。事实最有权威，一个事实胜过一百句雄辩的话语。一个人不管他受的教育深浅如何，只要他谈话或是演示，是以事实为依据的，那定能产生使人信服的力量。

◆ 用经验证明

实践出真知，经验力无穷。实践是检验真理的标准。由实践得来的知识和技能称之为经验。把经验总结归纳成原理，是人们认识事物由感性提高到理性的一个大飞跃。总结归纳是经验和理论之间的一座宏伟“桥

梁”。它是认识事物的一个重要方法和手段，也是我们作演示时，以理服人的重要方法。所以，将生活和工作之中的经历和感悟总结、归纳出来，并将其传播给你的听众，这是十分必要和有益的。

比如台湾著名管理学家余世维先生，在演示的时候，曾经道出这么一个经历：

……第二个是主管不要觉得处处少不了我。这一点我是有深刻的感触的。那时候我在美国一家化妆品公司里面当副总，总经理是一个老美。我刚到美国的时候，也是常常犯中国人的毛病，做主管嘛，总喜欢大事小事都管，后来才发现这句话是错的，我接下来解释我们中国的这句口号，为什么听起来不太正确。有一天，我那个女调色师在调口红，她调了个口红的颜色。我在旁边也轻描淡写的不经意的问了一句，这红色好看吗?那个美国调色师就站起来了，余先生，这个颜色还没有完全定案，所以你现在不必慌张，我定案以后一定会给你看的。你放心，你是最后裁决要不要用这个颜色的人。还有，余先生，我是调色师，我自认为这个东西是我的专业，如果你觉得你调得比我好，下个礼拜开始你调。第三，余先生，这个口红，是给女人用的，你是个男人，如果这个口红你喜欢，美国女人都不喜欢，完蛋了；美国女人都喜欢，你不喜欢，没有关系!这就是我在美国人家对我的教育……”

从自己真实的经历、经验中总结出来的东西，对听众来说，更真实，也更生动，具有强大的吸引力，同样也具有更强的说服力。

◆ 用数字和逻辑显示权威

用逻辑进行推理，这是我们平时谈话或作演示时常常要使用到的思维方法。逻辑在语言说服能力方面到底起到什么样的作用?

有一些数字逻辑推理，比如说演示一个观点“细节决定成败”。演示者就会这样跟你讲一个事例：

"有一位青年在美国某石油公司工作，他所做的工作连小孩都能胜任，就是巡视并确认石油罐盖有没有自动焊接好。石油罐在输送带上移动至旋转台上，焊接剂便自动滴下，沿着盖子回转一周，作业就算结束。他每天如此，好几百次地注视着这种简单作业，非常枯燥。但他一直细心地观察，发现罐子旋转一次，焊接剂滴落39滴，焊接工作便结束了。他想，在这一连串的工作中，有没有可以改进的地方呢?如果将焊接剂减少一两滴，是不是能节省点成本?于是，他经过一番研究，终于研制出"38滴型"焊接机。利用这种焊接机，虽然每次焊接节省的只是一滴焊接剂，但是因为这个石油公司平均每天在全球要生产1370万罐石油，而一滴焊接剂按0.1美元价值计算，这个石油公司每天节省的焊接剂就价值137万美元，一年365天，这'一滴'省下来的焊接剂给公司带来了每年5亿美元的新利润!这位青年，就是后来掌握全美制油业95%实权的石油大王。"

数字是量化的，数字也是权威的！我们绝大多数人在主观感觉和科学计算出来的数字面前，都会更相信后者。这就是逻辑推理给听众带来的权威感。

以上是用数字以小喻大的逻辑推理。在特定的条件下，"逻辑"过了的数字之所以有威信，全凭逻辑的权威。其他事物也是这样，经过正确的逻辑推理，就会具有无比的说服力。

举例子还可以说明非数字性逻辑的权威。

运用逻辑分析和推理一环连一环，前后紧扣，无懈可击，这样才能够带动听众的思维逐步向所演示的观点思想逐步靠近。

◆ 援引名言助阵

借用名言来帮忙也是在演示中以理服人所常用的方法。

人们常在不知不觉中，模仿别人的所作所为，信奉别人的信仰，并毫无疑问地接受名人所讲的一切，似乎名人的言论就是真理。绝大多数人是如此，只有极少数人不迷信名人名言。要特别注意的是，我们说的这个名言指的是权威的、受人欢迎的、有资格说这句话的人的名言。

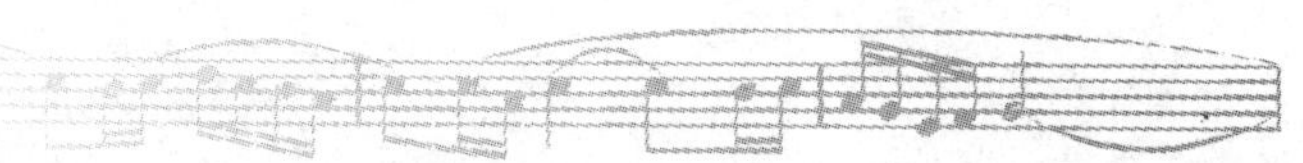

◆**理直气壮但不要武断**

演示者在讲台上阐述自己的见解和观点的时候，须表现出应有的自信，否则听众就会怀疑演示者的能力，从而怀疑所有的演示内容。

在演示过程当中，遣词造句以及回答听众提出的问题，演示者均应该具有自己的主见，如果对问题老是用模棱两可的态度，就不会在听众之中形成说服的力量。他们会不满意，会反感，同时会埋怨："又是别的又是另外的，又是大概又是可能，又是好像又是或者，如果都像你这样讲，我们怎么解决问题？"

模棱指的是什么呢？即对问题的正反两面含含糊糊，不表示明确的态度，这样也可以，那样也可以。合起来形容对一件事情的两方面都不否定，没有明确的态度，或没有明确的主张。我们当学生的时候，最为反感的也莫过于老师解答问题时的模棱两可了。这实在是十分有损于老师在学生中的威信。对于演示者来说，又何尝不是像老师这样的呢？如果在演示当中过多地使用"或者"、"我觉得"，"我的意思"、"大概"、"可能"、"不大清楚"等等一类的词语，就会显得演示者是一位懦怯的人、一位没有自己的真正见解的人、一位没有真才实学的人。

优柔寡断和犹豫不决都是无知的表现，而模棱两可这一类话也是最无力量的，它使听众失去信心，也会使人摸不到头脑，不知所措。因此，凡是举棋不定、犹疑不决、模棱两可、优柔寡断的字眼，演示者都应尽量地找出来并力求不重复。

演示者固然要对自己的演示内容表现出足够的自信，要理直气壮，但是演示者也不应该走向另一极端，那就是说话武断。什么"一定"、"绝对"等等词语还是少用为好，因为事情往往都有两面性，在某些不同的环境、情况之下也许你的理论并不成立，如果听众之中有一些人根据自己的经验对你的理论提出了异议，那么你在他们之中的威信就会骤然下降。

就一般情况来说，听众的文化程度越高，知识越多，用武断的话越难成功。有思想的人愿意被引导，而不愿被驱使，他们愿见到事实之后，由自己去做结论，而不轻信和盲从。盲目武断的话，过分绝对的话，和犹豫不决的话一样令人反感，它们在"价值"上，也没有什么两样，都只能导

致事情的僵化，甚至造成不堪收拾的局面，这在演示当中，都要尽力避免，甚至杜绝。力争做到语言恰如其分，尽善尽美。

让听众感动

与其他动物相比，人是最富有感情的动物，其感情的丰富以及表达感情的方式方法的多种多样，是任何其他动物无法达到的。人类是以重感情自豪于世界的。“感人心者，莫先乎情。”是说讲话者的感情，对于听者影响的重要。演示是一种充满感情的语言表达艺术。唤起人们的感情比引起人们的思考更为重要。

诚恳有感人的魅力，如果有人把一种主要意见用诚恳而容易令人感动的语言说出来，那是不易使人产生相反意见的。如果你准备给人一种好印象，并使人赞同你，就要牢记：

不管你的修辞如何动人，引证得如何有道理，声音如何动听，姿势如何优美，如果你讲得不恳切，也许将全盘无效。

如想感动听众，就得先从感动自己开始。深切而纯正的诚恳，不是自夸的，不是自觉的，也不是从口头上故意表现出来的，而是极自然地流露出来的。诚恳一定是热情的，没有不热情的诚恳。成功的演示者总是把自己的经验诚恳地讲述给听众。听众不但爱听，而且愿意拿出信任之心，与之交换。把自己的经验隐藏着，自私得很，那样如何证明你是诚恳的呢？演示中没有深刻的思想和真实的感情和自己的亲身感受，言不由衷，只是堆砌华丽的词藻、名人轶事，格言警句，在音调抑扬顿挫等技巧上下功夫，是不能打动听众的，也不能使人受到启发和教育。

诚恳是做人的美德，诚恳是演示能够感动听众、获得听众信任的成功之本。

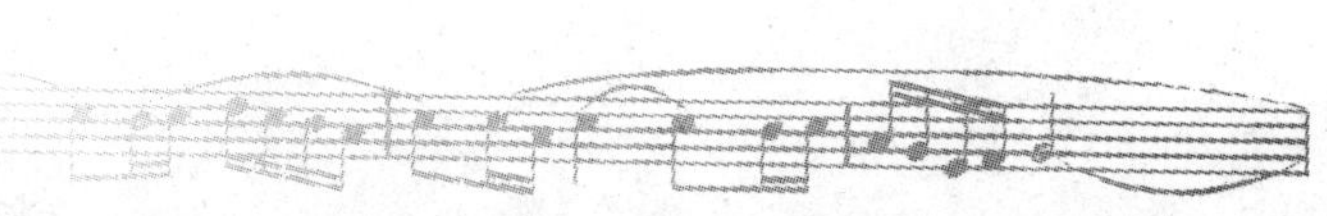

第一部分 演示

第九章 总结陈词

1

演示是一门特别的艺术，也是一门通过学习训练可以掌控的学问，从演示的事前准备—讲稿设计—现场设备—场景控制，培训演示实际上打的是一场综合战役，需要多方统筹，如果其中任何一个环节出了差错，都会破坏预期的效果。

演示前的准备问题

成功的培训演示有三个要诀：事先准备、不断练习与认真表演，如果没把握，那么就简单一点。遇到时间已经约定好的演示文稿场合时，记得留下充分的软硬件设定时间，往返交通时间也一并计算其中。计算所讲的内容与时间，让每分钟所讲的字数不要太多，并且多留一点时间以便遇到需要翻译的场合。如果确定演示文稿场地有提供投影机或显示器，那么请考虑将演示内容储存于一台笔记本电脑中。做好心理准备，不管你已经练习多少次，都有可能装备会出问题，因此将演示文稿档案备份至U盘片上，并且带着打印出来的演示文稿内容与投影片，以便紧急状况时还有拯救的余地。

演示文稿注意事项

一份成功的演示文稿会有着以逻辑渐进的内容，刚开始会有一份简介，接下来是有关你想阐述的内容，并且包含有一系列的相关主题，不要忘记最后一定要放置如何与你联络的方式。不要一成不变，要为各种场合设计不同的基本演示文稿样式，以避免听众感觉到都是老生常谈，并且记得将相关公司名称放置于第一页演示文稿中：针对特定的观众或相关领域，最好能放入适当的事实内容或图片。不要过于夸张，太过于强调资料往往会陷入统计学上的迷思，统计资料应该是清楚易懂，而非令人混淆不清，所以要让统计图表保持简单清爽，简单易懂并且一目了然。要留些时间给人询问与回答，以建立起跟观众的互动关系。并且一开始就要让观众知道你是否能接受不定时提出问题发问，还是你喜欢演示文稿尾声再一起提出询问。注意场合，面对观众的需求，记得要有弹性并且知道他想要的是什么，有时候在严肃的商业主题中来一段幽默对话颇受好评。另一方面，面对大型演示文稿场合，规规矩矩的表达方式还是比较好，提问和回答的时间也记得留多一点。

PPT设计问题

如果你的演示文稿体积不小，那么建议将它储存一份至CD-R或CD-RW盘片上。如果将演示文稿内容储存成HTML格式，那么就可以用任何一个Web浏览器来显示它。虽然这种方式少去许多制造小效果的多媒体特效，但整个演示文稿的体积将会大幅缩减，并且加载每一页演示文稿的时间会缩短许多。

要记得留下书眉和空白页，与其打印一份演示文稿副本给观众，还不如在一张纸中打印多页演示文稿内容，并且记得留下空白区域，好让观众写下心得。

方便阅读最重要，务必确认你的演示文稿让台下观众阅读起来会感到舒适，如果离你的计算机显示屏一米左右依然能看清演示文稿内容，那么就没有太大的问题了。如果不行，那么请放大所使用的字体。

现场的设备问题

演示文稿装备需要环境支持，请先确定演示文稿场合的电源插座是否为三孔式设计（第三孔担任接地的功用）：如果可能的话，最好随身带着一条性能优良的并且长度足够的延长线插座。

投影机的画面最好不要直接投射在墙上，如果想在会议室内的墙壁上投射你设计的精美演示文稿，最好记得携带一支小型可卷动式的白色显示屏，虽然这会让整个装备安装时间增加一点（整个行程所携带的重量也会多一点），但它看起来的专业形象与投影品质绝对值得这样做。

注意灯泡使用时间，随时注意投影机的灯泡使用时间，并且加以记录（有许多新机种能记录并显示灯泡的使用时间），并且定期察看该灯泡的使用寿命是否已经快要完毕。当到达其寿命的90%使用时间时，最好将其更换以免临时出状况。

信号线是否连接正确差异颇大，切记要使用高品质的视讯信号线，特

别是在笔记型计算机与投影机或显示器之间的距离比较长的场合，那会使得信号衰减的情况降低。

让线少一点，善用无线控制装置与激光笔，如此一来，你可以在演示文稿场合中自由行动，并且与观众互动，这比呆呆站在台前讲完整篇演讲好上许多。

演示现场掌控

掌握正确的节奏，步调是演示文稿成功的重要关键，记得以正确的速度进行，并且避免发表冗长的前言，而让观众有机会感到厌烦；整个演示文稿的内容要针对目标，不要让演示文稿速度拖拖拉拉。让你的眼光经常跟台下的观众接触。遇到有许多观众的场合时，记得要不时用眼光扫瞄整个会场，这样会让每个观众不会感到被冷落，同时也能发现任何一个想要提出问题的观众。

在要回答问题前，要有耐心听完整个问题，而且在回答完第一个问题后，要让其他观众觉得提出问题是件很轻松自在的差事。

要给观众有时间记录心得，这也能帮助人们记住你到底说了什么。如果现场有人拼命地提笔疾书，那么请放慢你的讲话速度或是稍待片刻，让他追上你的步伐。

使用小抄的时间不要过多，而且不要只是将演示文稿的内容念出来而已，记得为这些信息加入一些比较与趣闻。

如果你发现台下观众都心不在焉时，不妨询问一个问题借以带出下一张演示文稿。

讲话的声调要有变化，声音的音色与抑扬顿挫要自然，但不要让这场演示文稿沦落成一场话剧。

善用你的肢体语言，但也不要秀过头，因为这可能会让观众分心或是对你有错误的印象。

最高明的吸引观众技巧就是坚持到最后，所以除非整个演示文稿已经结束，而且所有询问的问题都已经回答完毕，否则绝对不要有收拾装备的举动。

完美演示9条军规

（1）你应该使图像设计简单化。

省略角注和图表资料出处说明，把文字内容限定在30字以内。

（2）你应该保证坐在最后面的人也能清晰的看到屏幕。

（3）你应该有目的地使用颜色，而不是仅仅是为了装饰。

用颜色来强调、定义一个重复出现的主题，以示区别或作记号。

（4）你应该尽量减少使用特殊效果（如动画片）并应由演示内容决定他们的使用。

（5）你应该提供合理的制作期限。

因为增加了很多内容，如声像，演示就需要花更多的时间，并且制作的费用也增加了。

（6）你应该在演示前练习、练习、再练习；演示时再练就太晚了。

如果你对演示的内容已完全熟悉，并在演示前你已预料到一些可能出现的问题，那么演示时你就会备感放松。

（7）你应该早早地就来到演示现场，与设备技术员共同进行周密的工作。

确定设备的视频和音频回放功能与你所使用的软件兼容；注意室内的光线，荧光屏周围要暗一些，而室内其他地方要足够明亮；要明确如果发生什么事情可以给谁打电话。最好请一个技术员留在现场。

（8）你应该准备备用图像材料。

否则，你将很难应付意料之外的事情。

（9）在过渡时间较长、回答观众问题、进入讨论时，你必须保持空屏。

空屏可以保障观众把注意力集中在你的身上而不受图像的干扰。

第二部分　配乐

2

第二部分　配乐

第十章　演示配乐原理

2

音乐是怎么产生的？这或许并不是一个重要的话题。但是音乐在我们的生活中，在古往今来的人类历史进程中，却一如既往地扮演着重要的角色。

在远古时代，平凡的人们用歌唱来表达对生活的感受，比如劳动的欢乐，丰收的喜悦，比如世事难料的无奈，比如痛失亲人的悲伤……而生活在锦衣玉食中的官爵帝侯们同样喜欢用雅乐、圣歌来显示贵族排场，或歌颂帝王更替，或庆祝万众臣服。任何的事情，从婚礼、葬礼、庆典到宗教仪式等等，无不伴随着声音的奏鸣，或吹，或敲，或弹，或打，或击，用以表达人类的各种情感：欢乐、悲痛和哀思。

音乐无处不在。作为情感表达的一种艺术，有时候，它也许比文字来得更加感性，更直接，更热烈。虽然在我们的教育当中，用音乐感受世界、用音乐表达情感的教育往往被不约而同地忽视了，但仍然不能阻挡我们在情感脆弱时不知不觉地去寻求音乐的庇护。

你是否依然记得自己曾经多少次被音乐所感动？这种感动是否可以说明：学习与音乐本来就是不可分的，不可分的原因是生理上的？

音乐·记忆

为什么有很多人能够很轻松地记住100多首歌的歌词，却记不住元素周期表中的100多个元素？

现代的孩子通过音乐学习ABC，通过韵律的方式来背诵数学乘法表。广告人也一直都在运用音乐和韵律把信息传达给我们。这些都是为什么？

因为音乐与记忆在大脑中是密切相关的。“大脑的边缘系统包含了处理音乐的区域。同样是这个边缘系统，对于人的长期记忆能力也是非常重要的。”也就是说，音乐与记忆在大脑中是有生理联系的。

根据以上发现，教育家提出了运用暗示和音乐并以轻松的心情学习和促进记忆的建议，并在许多学校里面收到了很好的试验效果：在孩子的空间信息记忆和处理能力上面，聆听莫扎特音乐的孩子的成绩要比只听寓言式放松信息的孩子的成绩高8～9个百分点。

在《快速学习》这本书中，作者认为：音乐，在几分钟之内使人获得几星期苦思冥想的东西。而在《伴随音乐的快速学习——一个培训者的手册》中，作者也同样认为：音乐是通向意识和记忆系统的州际高速公路，它能使人的记忆更深。美妙的音乐会打开通向超级记忆的情绪通道。

显然，我们有必要在学习和记忆当中尽可能多的发现音乐的贡献。

音乐·学习环境

◆ 有效的学习环境

什么样的环境和氛围有利于有效的学习？要回答这个问题，我们可以先观察一下小孩子对世界的认知过程。

小孩子对世界的认知是通过做，尝试，嗅，摇摆，说话，提问和经历来完成的，并且这种认知的速度非常惊人。他们具有强烈的好奇心，什么都想看一看，摸一摸，尝一尝，试一试；他们也非常敏感，很容易受到周围环境的影响，并且从周围的每个人、每一件物品、每一件事物身上吸取

信息。小孩子不是整天一动不动地坐在教室的椅子上学习，这是他们与我们后来接受的常规性教育之间的最重要的一个区别。

因此，一个真正懂得有效教学的老师知道如何把整个环境布置得有助于学习：窗外是贴着标签的芳草绿树和各色鲜花，传来清新的生活的味道；色彩丰富的招贴画贴在墙上；不同的语词和图画把很多知识要点都突出出来；在不同的时候使用不同的音乐来营造氛围……大多数的学习于是在无意识之中掌握了。

◆ 引进音乐

各种各样的设置安排，招贴画，活动的物体等能激发视觉的兴趣，游戏活动则能使人体在动觉上立刻感到舒服。而音乐，则能在听觉上引起大多数人的共鸣。视觉、动觉、听觉三种教育方式共用可以促使大脑的三个层面都开始起作用：思维的大脑，感觉的大脑和运动的大脑。在这里，我们要强调在活动之中引进音乐有一个非常好的理由：

有音乐伴奏的爵士乐节奏运动会促进对大脑的供氧——大脑的活动很大程度上依赖于氧气和葡萄糖。

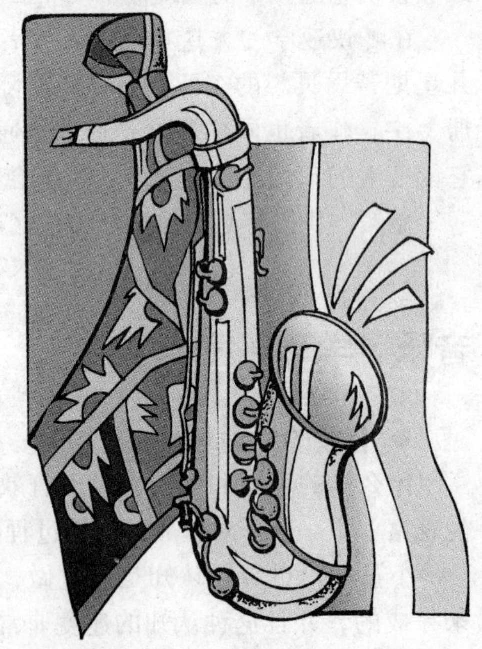

另一些伴随着音乐的运动，例如简单的抛物接物，左脚—右手或右脚—左手活动，都能在“右半脑”和“左半脑”之间促进快速的交流，能够帮助人们在精神上和生理上放松。

培训的过程是一个学习的过程，同样也是一个与记忆紧密相连的过程。根据以上的阐述，如果能够营造一个探索和娱乐的环境和氛围，培训也同样可以变得很轻松，很有效。

α波频音乐

◆ 脑波α状态

人类脑电波的波频可以分为以下4类：

（1）完全清醒时，大脑在13～25赫的波段上工作，叫做β状态。

（2）"放松性警觉"（是理想的学习状态），大脑在8～13赫波段上工作，叫做α状态。

（3）睡眠的初期阶段，大脑在4～8赫，波段上处理白天的信息，叫做θ状态。

（4）深度睡眠，大脑在0.5～4赫波段，叫做δ状态。

关于人脑的α波频，许多人类科学进行了研究，并且得出了同样的结论：人类脑波在8～13赫波段上的时候，神经轻松。这个波段是对高效学习最有利的"频率"，因此人们将之称为"α状态"。

因此，要达到更好的学习效果，重要的一步是使人们在"适当的波长"——脑波"α状态"上学习。然而这好像并不是一件容易的事情：

要学得更快，就要放慢大脑，但是又不能太慢。慢了，我们大脑的"波长"明显地对深睡更有利；快了，则这个波长最能让我们意识到，那就是对日常生活的完全警觉。要让大脑的波长正好停留在显然对灵感更有利的"放松性警觉""α状态"上，那几乎是难以控制的事情。

◆ θ波频音乐

借助什么方法可以让人的大脑脑波停留在"α状态"？大量的研究课题发现音乐是将大脑调到仪波频的最有效的手段。

把音乐用于学习不是新的，许多人曾经伴随着音乐学习字母、单词和其他知识。但随着人们音乐知识的扩展以及人类认知研究的展开，他们发现，某一种音乐的音频影响下，人类的大脑最开放，进入一种特别的放松中，最能接受进来的信息。"这种放松的形式并不是准备去睡觉，它是一种放松的警觉状态，有时我们称它为放松的觉知。"这就是我们所说的"最佳的学习状态"。这种状态出现于"心跳，呼吸频率和脑波流畅地同

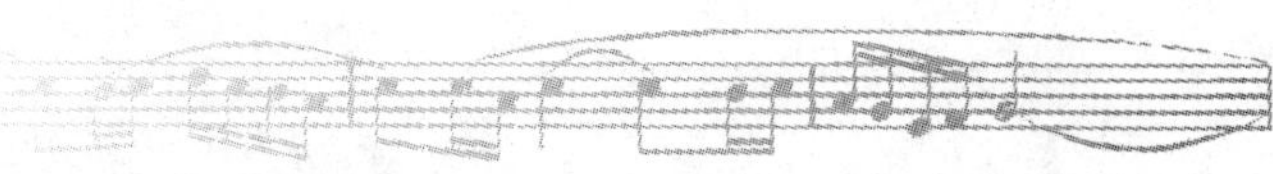

步之时，身体是放松的，而头脑注意力集中并准备接收新的信息。”

这种能够有效带动人的心跳、呼吸频率和脑波流畅同步的音乐，它的速度与人的α脑波是一致的，或者说这类音乐的速度与大脑处于放松活跃状态下的波长是相似的，能够使身体和头脑和谐一致，特别是会打开通向超级记忆的情绪通道——大脑的边缘系统。因此被称为“α波频音乐”。

常识上我们也知道：人的大脑左半部分主要处理语言、逻辑；右半部分主要处理节奏、旋律。一个人记住一首歌的歌词远比记住一整页孤立的句子来的快，因为左脑和右脑同时都动员了起来。就像电视、电台广告那样，语言配上音乐让人不得不记住，忘也忘不掉。因此，在“α波频音乐”音乐的伴奏下，暗示语句就容易进入人的潜意识，使人们能够更快的掌握。

因此，运用“α波频音乐”放松，把脑波调到α波状态（脑波状态），将会使人们更快地吸收信息。

最好的学习音乐

所谓最好的学习音乐，是指那些最能提高学习效率的音乐。这可以依据文化和学习者的不同有很大的变化。

通过上一节的介绍，我们知道，借助音乐，大多数人可以轻易而快速地进入理想的学习状态。特别的音乐，特定的节拍（每分钟50～70拍）能够帮助人放松。达到这种节拍状态的最通常的音乐来自于17世纪和18

世纪上叶的巴洛克风格的作曲家意大利的阿康格鲁·科莱里（Arcangelo Corelli），威尼斯的安东尼奥·威瓦尔第（Antonio Vivaldi），法国的警佛兰索瓦·库贝丹（Francois Coupertin）和德国的约翰·塞巴斯蒂安·巴赫（Johamn Sebastian Bath）和乔治·弗里德里克·亨德尔（George Frideric Handel）等人的作品。

保加利亚心理学家，教育学家乔治·罗扎诺夫认为，巴洛克音乐能使人类的身体和头脑和谐一致，打开大脑的边缘系统。这个系统不仅主管情感，而且它是意识脑与下意识脑之间的联结，被认为是通向超级记忆的情绪通道。

西方的快速学习实践者强调经典的巴洛克式音乐，许多人在做快速学习方法研究时更是热衷于使用这种音乐。被经常使用的最著名的巴洛克音乐作品有不少，威瓦尔弟的《四季》是其中之一，它经常被用于帮助人们进入理想的学习状态，因为它很容易使人挡住其他的念头；亨德尔的《水的音乐》也很流畅；约翰·巴切尔贝（Johamn Pachelbel）的《D大调加农》是消除紧张的一首特别受欢迎的作品，是很多培训师热衷应用的技术和道具。

然而，巴洛克音乐就是最好的学习音乐吗？不一定。其他的一些经典音乐在许多情景下，对于许多听众来说都同样是一个不错的选择。高质量的现代音乐在很多情况下也是有效的。非主流的各种各样的高质量音乐在许多情况下也能够提高学习效率，比如说爵士乐。在使用音乐的类型上，没有教条，而是要不断地试验、判断，然后选出合适的音乐。只要我们勤于感悟，就会发现有许多可供选择的音乐：

慢的篇章有助于创造一个平静的心态；

爵士乐可以创造一个欢快的活泼的情绪；

大号音乐、非洲大鼓或是南美伴舞音乐可以营造一个高亢的精神状态

……

所有风格的高质量音乐几乎都是有效的。但是不管选择哪种音乐，这种音乐都应该有一定的深度，能在思想上和心灵上提升人的素质，能对人的思想和精神产生积极的影响。

罗扎诺夫式的“音乐课”

保加利亚教育学家罗扎诺夫对于教育最伟大的贡献在于音乐领域。在发现“α状态”的基础上，他进一步提出了“仪波频音乐”的概念，然后把具体的研究方向对准了巴洛克音乐，经过不断试验和判断，最终推出了被许多后来人相继采用的——“罗扎诺夫音乐课”。

罗扎诺夫推荐的两种音乐课——主动音乐课和被动音乐课，设计的初衷是，使人们的头脑放松并处于准备接受新知识的状态，而且用音乐使新的信息流入人脑非凡的记忆系统中。

何为主动音乐课？有一个简洁的概述：“假设，一个班级正在学习外语，作为第一步，教师把新单词设计成一幕戏，并有图片总览。学生坐着，在内心把这些内容串起来，紧接着，学生看着课文，老师打开选择好的音乐并合着音乐的节拍朗读英语，他有意识地和着音乐节拍将词汇戏剧性地表现出来。”

为什么主动音乐课会有效呢？正如大家平时就能够看到的，学习一首歌的歌词要远比记住一整页的词汇容易得多。音乐是某种形式的载体，朗读合着音乐起伏，几乎就像抓住了浪涛的节拍，因此，人们就在音乐的节拍中记住了朗读的内容。

被动音乐课又是什么呢？这同样可以解释：用很特别的慢板的巴洛克音乐——约每分钟60拍——很精确。第一阶段，戏剧化地朗读单词；第二阶段，用比较自然的语调。现在让人们把课文放在一边，想象自己身处剧院，有人在舞台背景里表演着一个故事。然后，让人们撇开学习，回家。但是在睡觉之前，他们的脑中极有可能会掠过这出戏。

被动音乐渴之所以有效，是因为潜意识会一直工作——将白天学到的东西转入到长期的记忆储存中，而这一切都是在下意识中自发进行的。

乔治·罗扎诺以三种不同的方法使用音乐加快学习的速度，他的推崇者声称用这种音乐方法在花费5%的时间中就能完成60%的学习任务：

介绍性音乐，和深呼吸运动一样，使参与者放松，为轻松学习创造最合适的状态；

“主动音乐课”，把将要学习的信息随着富有表现力的音乐读出；

“被动音乐课”，使学习者听到新信息在巴洛克音乐的衬托下被轻轻的读出，这样可以将信息移入长期记忆库中。

罗扎诺夫为自己的主动音乐课和被动音乐课推荐了一些典型的音乐段。

主动音乐课：贝多芬《D大调小提琴与乐队协奏曲》作品第61号；柴可夫斯基《降B小调钢琴与乐队第一协奏曲》；莫扎特《D大调小提琴与乐队第七协奏曲》；海顿《F大调第67交响曲》、《B大调第69交响曲》；贝多芬《降E大调钢琴与乐队第五协奏曲》，作品第73号（《皇帝》）。

被动音乐课：科莱里《大协奏曲》，作品第6号第2、8、5、9首；亨德尔《“水上音乐”》；巴赫《G大调幻想曲》、《C小调幻想曲》、《D小调三重奏》、《二重变奏曲和托卡塔》；科莱里《大协奏曲》，作品第4号，第10、11、12首；威瓦尔第《长笛与室内乐队》5个协奏曲。

（选自纽约Gordon and Breach出版社1988年出版的乔治·罗扎诺夫和爱娃丽娜·盖特娃著《外语教师的暗示法手册》、1978年出版的罗扎诺夫著《暗示学与暗示法大纲》。）

罗扎诺夫的追随者认为，音乐的作用有三个：①帮助放松；②激活右脑接收信息；③帮助将信息移入长期记忆库中。协调得好的音乐会实际上能在极大缩短的时间里使人们掌握很多东西。首先边听音乐边学习——心里的阅读在时间和声调上与音乐一致。随后人们坐着、闭上眼睛，同时放更多轻柔的音乐，资讯和知识就在音乐背景下“冲浪般地”涌魂罗扎诺夫音乐课的音乐几乎始终是巴罗克音乐，以保持与最有效的学习状态——“α状态”相结合。

音乐·暗示

人类可以从五个渠道吸收到外界的信息，即我们常说的视觉、听觉、嗅觉、味觉和触觉，其中又以视觉和听觉为最主要。

在这里我们要强调的是，通过耳朵完成的听觉是影响潜意识最重要的渠道，因为除其之外，没有另外一个器官，无论在白天和黑夜，无论在人清醒的时候，还是在人熟睡的时候，24小时一直在工作。

听觉与潜意识之间有着紧密的联系，通过听觉的工作，我们不断地用新的信息替代旧意识中的信息，形成新的意识。这个过程我们将之称为暗示。来自外界的声音在不知不觉之中会对我们的意识产生影响，即使我们并不是有意识地去倾听和接受。因此，创造一个积极的外界声音环境有效地使自己的意识得到在重复的暗示下，完成新旧更替，是一个非常高效而又相当节约的学习手段。

通过听觉吸收信息，将正面积极的信念更深层更彻底的替换原有的负面观念，为什么是可行的呢？每个人的思想在某个时间内虽然不能够单纯用正面和负面来区分，但总是表现为一种状态，成为潜意识的一部分。如果外界有一个声音，不断地让我们的听觉接受同样一个信息，这个信息不断冲撞、“蚕食”我们的潜意识中与之不同的部分，就像在录音带上录上了新的歌曲，原有的歌曲就会被取代一样，新的外来信息慢慢也就变成了潜意识中的一部分，使人的整个意识状态发生改变。

因此，通过耳朵这个信息吸收渠道，我们可以运用音乐进行自我暗示，从而达到改变自己意识状态的目的。将成功的理念、思想、动力、力量，每个目标、每幅面面、每个信心，逐字逐句伴随着每个音符，从耳朵

轻轻的流淌到心中、信念中，并将它表现在我们的行动中。

这也就是为什么我们听到哀怨的曲子会不由自主的变得忧伤，听到欢快的曲子会情不自禁地变得心情明朗的缘故吧。

音乐在学习中的使用

在教室学习中，同样可以使用音乐来辅助学习，达到不同的效果而使用音乐的方法可以分为：

学习的前奏

在人们走进教室时，播放音乐可以创造一种欢迎的气氛，使环境变得温和，使人的思想镇静下来，激发他们对学习兴趣。

休息时

休息时音乐的播放可以维持一个愉悦的学习环境，使学习者既轻松又充满活力。

心理意象意境

如果你想使用意象来解决问题，演练技术、产生思想、或是创造一种心境，一些沉思性的音乐可以帮助你。

音乐预演

将要学习的材料现在音乐的伴奏下预先陈述一遍。

回顾性的音乐

你在用幻灯片、海报或是电脑中的文件回顾你所学的知识时，可以在音乐的伴奏下进行。

陈述

在运用幻灯片、录像带或是电脑讲故事、做说明和作陈述时，你可以

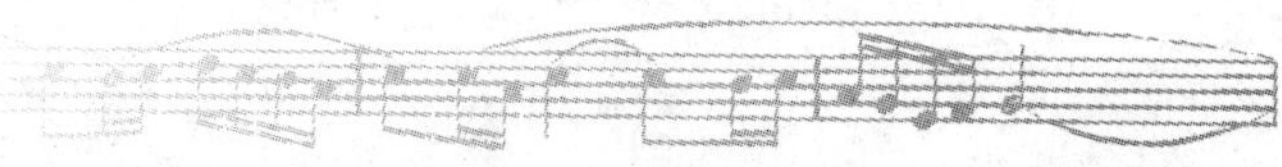

使用音乐作为背景音乐，这样会增加陈述的效果。

学习练习

合适的背景音乐可以运用于个人的、合伙的或是集体的学习联系之中（测验、解决问题、创造思想、制造模型、单独学习、同伴指导、团体的对话、学习游戏等）。

主题

如果学习项目有一个主题的话，那么与主题有关的音乐将可用来激发学习的情绪，作为学习的补充。

记忆

在快速记忆课程或者其他课程中的记忆训练中，设计者、教导员可以提供一些歌曲或打击乐，当然可以由学习者自己创造，这些歌曲将会帮助学习者记忆主要的思想、术语、概念和过程，当然，这些歌曲或打击乐也可用天庆祝学习的结束。

后奏曲

合适的“退出”音乐可以为结束一个项目和道别营造一个友好的氛围。

音乐在培训中的运用

音乐经过媒介的传播，传入人耳，通过改变人体的内分泌，引起人们生理和心理上的波动，在此基础上继而引起人们行为上的改变。这就是音乐作用于人的基本原理。也因此，我们可以得出结论，人可以利用音乐声音来改变外部环境，并最终改变自己的内心感受，以及行动。

不过，同样的音乐在不同的时候，或者是对不同的人而言，产生的作用和效果有可能完全不一样。比如在心情郁闷，情感需要发泄的时候，或者心情兴奋，情绪激昂的时候，听到迪士高乐曲，会跃跃欲试，摇晃狂

舞；而在心情平静，需要沉思静想的时候，听到迪士高乐曲，却可能会感觉烦躁不安，无法忍受。因此，音乐，根据不同的场合和人们的不同需求而安排。这是音乐为我所用的基本认知。

不同的音乐在培训过程当中使用可以达到不同的目的：

（1）使学习环境变得比较温和、人性化和充满生机。

用轻松的音乐，创造一个平静的气氛，使人们的心情变得平和与宁静，进入最佳的学习状态。

（2）使人的思想轻松起来，变得比较开放。

通过音乐的引导，创造一种适合于当前任务的氛围，使人们放开心中的束缚，抛开顾虑，全身心地融人到训练中来。

（3）为学习者创造积极的情绪。

一些富有激励意味的音乐，能够有效的调动人们的情绪，使人们从抑郁而低迷的状态中解脱出来，变得积极和主动。

（4）促进多感官的学习。

运用背景音乐，刺激人们的多感官吸收信息的功能，有效地提高学习的效率。

（5）烘托主题，渲染气氛。

在某些主题的讲解和训练之中，选用与之匹配、相互映衬的音乐，能够提升主题的内涵得到更高层次的升华，让人们得到更深的感官感受，从而加深印象和记忆。

音乐在培训中的其他作用，还包括：陶冶情操；引发想象及联想；引发生理及心理“共鸣”；增加行动力；改善学习能力；催眠；引发思考（冥想）……

在培训中，音乐的使用都是根据神经链调节术的原理，在特定的环境下，运用音乐刺激学员的神经系统，改变学员的情绪、认知与行动。在使用音乐之前，我们需要问自己：我们需要音乐来帮助我们做到什么？是帮助我们表达情感？是帮助我们进入冥想、沉思？还是需要激励我们要重开心理束缚，勇敢表现自我？……

如果是帮助我们表达情感，那么我们想表达的又是一种什么样的情感？高兴，伤心，兴奋，忧虑，紧张，轻松，痛苦，失落，沮丧，失望，生气，愤怒，满足，委屈，害怕，沉重，恐怖，还是平静？……

在众多的朗朗上口的流行的、民族的歌曲、乐曲当中，你知道哪一些在表达什么感情？哪一些最适合为你所用？

《梁祝》表达的是什么感情？《苏武牧羊》又表达的是什么感情？《蓝精灵》呢？ 《感恩的心》呢？ 《水手》呢？ 《我真的很不错》呢？……这是在运用音乐的时候要考虑的因素。

举例来说，我们很多演示者在做一些偏向于讲授性的演示时，都经历过类似的场景：培训开始的时候，学员们都很积极地提问，可是随着理论性阐述的一步步深入，现场气氛慢慢地变得不再热烈。当培训进行到一半时，不少人早已当场打起了哈欠。这个时候，该怎么办呢？我们的建议是，放一段强烈、动感的迪士高音乐，让所有的人都能够振奋精神，从低迷的状态中脱离出来，将注意力重新集中到培训内容上面。而烘托主题、渲染气氛的音乐则可能是悲伤的，也可能是欢快的，还可能是激昂的，等等。而音乐的形式，也不一定是歌曲，还可能是一些轻音乐、爵士乐、摇滚乐等等。大自然的声音也是音乐的一部分，流水的哗哗声、小鸟的啾啾声、落叶的沙沙声……对于需要回归自然，感受朴实生活的现代人来说，同样富有感染力。

音乐影响情绪，而情绪影响学习。合适的音乐有利于大脑放松、活跃，对整个神经系统也是如此。人们在全神贯注的学习时，使用恰当的音乐可以使人发挥出自己的学习潜力来。不过要注意的是：要避免使用音乐的教条化和单一化。在音乐运用当中，不存在一个标准的合适的音乐。合适的音乐是那些有助于使人放松、灵敏、开放和优化学习的音乐。

总的来说，因为大脑无法注意每一件事，索然无味，令人厌烦或者单调沉闷的培训将不能收到足够大的效果，所以我们需要根据不同的情形运用音乐来辅助。然而，这并不是说我们需要在培训中一直播放音乐，虽然音乐可以在很多方面促进学习效率的提高，但是仍然要考虑什么时候应该辅以音乐，什么时候不要。

第二部分　配乐

第十一章　培训音乐指南

音乐的类型会影响脑部血液的循环，有的音乐会增加脑部的血量，使血液活动顺畅；有的相反，会降低血液循环的速度，缓解外界的刺激。例如在餐厅吃饭，柔和的音乐可使食欲及消化顺利，充分享受用餐的满足和愉悦，但是旋律快速的舞曲或节奏强烈的进行曲，则会使用餐的心情紧张，影响消化系统的功能。

根据不同的演示目的以及内容，在演示过程中配以相应的音乐来对气氛进行烘托以及调节，从而可以有效引起听众的热情，激发他们心中的共鸣，从而得到更好的演示效果。音乐被越来越多的演示者在演示过程中采用，而演示配乐也逐渐成为人们演示探讨中的一个课题。

演示如何配乐呢？以下我们来做一个指南性的介绍。

入场音乐

就像运动会进场一定要放运动员进行曲才能特别烘托出一种欢庆、祥和的氛围，同时给运动员一种朝气蓬勃的力量、勇往直前的勇气和更高、更强、更远的渴望一样，演示的开场音乐也需要有它的积极意义存在。但凡一个演示，特别是培训演示，总是希望能够激起听众学习的热情和积极性，激起一种对新的信息和思想的渴求，同时让听众能够以一个欢快轻松的心情来迎接即将到来的这个演示与学习的过程。因此，演示的开场音乐就需要营造一种朝气蓬勃的、充满活力的、热情激昂的、轻松畅快的氛围，让人们对演示内容和思想有所期待：今天是新的一天！令人激动的一天！

所以，通常很多演示者将入场音乐安排为一些具有进行曲节奏快感、并且有号召和激励意义的音乐歌曲如《眉飞色舞》、《英雄》、《我的未来不是梦》等等。而正式召唤、预示“时间到”演示开始的音乐则安排为《斗牛士进行曲》等。入场音乐一般都比较激昂动感。除了激昂的进行曲作为入场音乐外，轻快的，还有舒缓的小调也常常是培训师们准备入场之前营造会场氛围的首选，更有些富有艺术气质的培训师会选择古筝弹奏。

推荐歌曲：

我的未来不是梦

……
你是不是像我在太阳下低头
流着汗水默默辛苦的工作
你是不是像我就算受了冷漠
也不放弃自己想要的生活
你是不是像我曾经茫然失措
一次一次徘徊在十字街头
因为我不在乎别人怎么说
我从来没有忘记我
对自己的承诺对爱的执著
我知道我的未来不是梦
我认真的过每一分钟
我的未来不是梦
我的心跟着希望在动
……

中场休息音乐

中场休息为什么要配乐？因为音乐能通过心理作用影响人们的情绪，陶冶性情从而达到消除疲劳和振奋精神的目的。美妙动听的音乐，不仅可以使人心情舒畅，从中得到美的享受。还可以培养注意力集中的能力，松弛情绪。

人的身心是相互影响、密切联系的统一体，积极向上、乐观愉快的情绪能加速消除疲劳，而忧愁苦闷、悲观抑郁的心情可使消除疲劳的过程大大延长。所以，当人疲劳时可通过心理调节使人的情绪处于积极良好状态，从而有助于消除疲劳。

在演示中场休息的十几二十几分钟里面，音乐的作用是营造一份轻松闲适的氛围，使人们一度用于学习与思考的紧绷的大脑神经得到松弛，使身心稍事休息，感觉舒爽，从而在放松自如和恢复活力的精神状态之下再开始下一阶段的学习。因此，一般的中场休息适宜配一些轻松欢快的音乐。比如《梁祝》、《田园交响曲》、《水上音乐》、《春江花月夜》、《蓝色多瑙河》、《青年圆舞曲》等。

另外，如果演示要连续进行一天，那么中午听众要在会场小憩休息，这不仅要用到以上所说的消除疲劳的轻松音乐，而且需要催眠音乐了。所谓催眠音乐，是一种以特殊的音波录制而成的适合使人进入睡眠、并且有利于保持良好睡眠状态（平和、安静、不做梦、不断续）的音乐，以《催眠的花园》最为有名，是一种非常轻柔舒缓的音乐。

推荐歌曲：

踏浪

小小的一片云呀慢慢地走过来
请你们歇歇脚呀暂时停下来
山上的山花儿开呀我才到山上来
原来嘛你也是上山看那山花儿开
……

引导音乐

演示需要达到的目的有很多，也许有的演示是要激起你的斗志，如成功学之类的；也许又有的演示是要唤醒你的真情；或者有的演示是要告诉你一些道理；又或者有的演示是要传播一种新的技术、思想和观念；也许有的演示是以上的目的兼而有之……有时候，演示到达一定的高潮，需要配之以音乐，才能在听众身上实现这样的目的。这就是引导音乐的作用了。

◆ 激励音乐

通常，伴随着这种令人心激昂的音乐、歌词及引导语，听众们容易自然而然而生出一股雄心壮志，并在脑海中将期望达到的目标一幅幅栩栩如生的展现出来，将其植入自己的信念中：相信自己一定能勇敢的去采取行动，努力追寻自己的梦想和目标，即使遇到挫折也不会轻易放弃。不断地继续努力，最终一定会实现愿望。这类音乐、歌曲的代表有《我真的很不错》、《步步高》、《壮志在我胸》、《从头再来》、《男儿当自强》、《海阔天空》等等。激励音乐一般都比较坚定有力。

推荐歌曲：

步步高

……

没有人问我过的好并不好
现实与目标哪个更重要
一分一秒一路奔跑
……
孤独与喝彩其实都需要
成败得失谁能预料
热血注定要燃烧
……
世间自有公道付出总有回报
说到不如做到要做就做最好
步步高
……

从头再来

……

勤勤苦苦已度过半生
今夜重又走入风雨
……
再苦再难也要坚强
只为那些期待眼神
心若在梦就在
天地之间还有真爱
……

◆ 情感引导音乐

奔波于工作生活中的人们，常常被表面的虚荣所掩埋，往往不给自己以机会去触摸自己真正的内心。繁重的工作与世俗应酬是否已经腐蚀了你的身心，让你的情感已经变得越来越麻木没有知觉？然而，恰恰是这种掩埋于心灵深处、蒙尘已久的情感是人们最脆弱的触点。人之初，性本善。真情动人，有时胜于以理服人。无论是有目的正面为唤醒人们真情的演示，还是通过以动人的情感表达到悦人的音乐，很多演示者通常都不约而同地对真情呼唤的音乐情有独钟。

真情呼唤人性的音乐、歌曲有很多，比较常听的有《在你面前想流泪》、《烛光里的妈妈》、《把悲伤留给自己》、《我是一只小小鸟》、《一生有你》等。真情呼唤人性的音乐一般都比较抒情感人。

在帮助一些生活、工作失去希望的学员时，可以播放一些舒情的歌曲，比如说经典老歌《爱的奉献》、《感恩的心》等等。培训同时可以用充满温情的语言在现场做推动。在这种时候，要注意不要播放一些低俗的情爱歌曲，那样不仅脱离主题，而且显得无聊又低俗。

推荐歌曲：

一生有你

……
看夜风吹过窗台
你能否感受我的爱
……
多少人曾爱慕你年轻时的容颜
可知谁愿承受岁月无情的变迁
……

◆ **引导思考音乐**

培训并不是培训师的“独角戏”，而是培训师和学员之间的互动。对于培训师所讲、所教的观念、资讯、知识和技能，在一个有效率的培训课里面，是应当让学员参与体验和参与思考的。如果不参与思考，也就是机械记忆，这是一种非常没有效率的学习方法。所以，很多培训师已经意识到，并已经实践在培训课堂当中安排一定的时间让学员通过自我思考去感悟和领会。

在这种时候，主题是要诱发学员潜力的爆发。通常培训师已经不再开口，学员也会静静的开始思考，在这种寂静之下，为了诱发思维，可以选用一些节奏轻快、单一的音乐。这样的音乐明快有力，有利于学员积极思考。

需要指出的是，这种时候最好不要选择电子音乐，因为嘈杂电子音乐让人听后，最大的反应是烦躁不安。

◆ **引导参与音乐**

在培训中有时候需要学员作出一些肢体动作，但是成年人的肢体表现能力不如孩子，而且他们羞于表现自己，在他们看来，表现自己就好比是在别人面前出丑。如果放上有节奏感的音乐，再加上培训师的引导，他们会慢慢适应过来，一旦有人事先作出表率，那些不善于表达的成年人也会很自然的。

终场终音乐

终场音乐就是演示结束或者将要结束的时候放的音乐，通常以行动力，励志音乐为主。

一般来说，是为了表达一种特定的感情或目的。这种感情也许是一种演示者与听众之间的恩情，或者是一种相见结识的情谊，又或者是对各人共同奋斗的勉励等等。以《分别》、《感恩的心》、《朋友》、《真心英雄》等为代表，还有《明天会更好》、《我们都是一家人》等都是非常好的用作演示结束出场的音乐和歌曲。

推荐歌曲：

感恩的心

……

天地虽宽这条路却难走

我看遍这人间坎坷辛苦

我还有多少爱我还有多少泪

要苍天知道我不认输

……

感恩的心感谢命运

花开花落我一样会珍惜

……

现场音乐氛围

在演示过程当中，根据演示内容的需要，在某些时刻需要音乐来营造特别的现场氛围。比如做团体游戏的时候，比如集体静思的时候，再比如做练习的时候，等等，都需要一定的音乐氛围。

◆ 团队游戏音乐

有许多的演示，都需要听众组成一个个小组来进行互动游戏，这样不仅可以活跃气氛，增加和谐，放松精神，同时也可以从中锻炼团队精神，增强团队意识，形成团结合作的习惯。同时，因为许多的团队游戏都是以小组竞赛的形式出现，又是充满挑战性和激情的活动，在场人员一般都会比较活跃而激动，因此会场一般会变得比较嘈杂，这时如果配上合适的音乐，那么既可以有效烘托现场气氛，又不至于使人生嘈杂变得令人生厌。团队游戏音乐很多都是比较快节奏的明快急促型音乐，如果是速度型的竞赛游戏，则可以无形中给人们一种需要快马加鞭的感觉。

团队游戏中常常有限时的小活动。为了帮助学员掌握时间尺度，可以播放强劲有力的迪士高音乐，这样可以让学员产生紧迫感。在规定时间已到，立即停止音乐，这是给学员最明确的时间提示。不过，要注意保持适当的音量，不要以为声音越大，就越有效果，因为高分贝的音乐会影响学员之间的交流。

例如："红黑游戏"用《征服》，"领袖风采"用《在你面前我好想流泪》，"人海茫茫"先后采用：《想飞跃》、《天亮了》、《把心打开》、《爱的奉献》和《有多少爱可以重来》，"过电网"用《真心英雄》。

推荐歌曲：

万里长城永不倒

昏睡百年，国人渐已醒
睁开眼吧，小心看吧
哪个愿臣虏自认
……
开口叫吧，高声叫吧
这里是全国皆兵
……
万里长城永不到
千里黄河水滔滔
……
冲开血路，挥手上吧
要致力国家中兴
岂让国土再遭践踏
……

◆ **潜意识脑波音乐**

节奏太快或太慢的音乐都不适于保持平稳的心态：节奏太快会让人紧张，太慢则会令人产生悬疑感。音乐节拍略等于人类心跳的速率则为比较让人舒服的。潜意识脑波音乐也就是在上一节“演示配乐原理”中我们所讲到过的α脑波音乐。这种音乐在演示当中我们一般在做练习，或者冥想的时候使用。脑波音乐也可以分为许多种，有一些是自然音乐，也有一些称为冥想音乐，更有单纯的α音频。在网上可以下载得到。这里可以提供一个脑波音乐的清单。

◆ **催眠与冥想音乐**

催眠是以人为诱导（如放松、单调刺激、集中注意、想象等）引起的一种特殊的类似睡眠又非睡眠的意识恍惚心理状态。其特点是被催眠者自主判断、自主意愿行动减弱或丧失，感觉、知觉发生歪曲或丧失。在催眠

自然音乐	冥想	α音频
阵雨	早上好	全神贯注
大自然	深刻的回忆	促进睡眠
水流	深夜	准备学习
雨声	放松神经	消除紧张
燃烧中的木材	紧张状态	恢复精力
风	森林漫步	悠闲休息
燃烧的火焰	晴雨表	消除睡意
阵雨	温暖的感觉	清醒头脑
心跳	沙漠之夜	获得信心
铃声	休息片刻	

过程中，被催眠者遵从催眠师的暗示或指示，并作出反应。催眠的深度因个体的催眠感受性、催眠师的威信与技巧等的差异而不同。催眠时暗示所产生的效应可延续到催眠后的觉醒活动中。以一定程序的诱导使被催眠者进入催眠状态的方法就称为催眠术。

冥想和催眠其实意义是相通的，都是用以改变情绪、放松身心，只是冥想偏向“个人”。一般来说，冥想比较适合在特定的环境（如安静、私人空间）来作，催眠没有这方面的限制。

在培训当中，催眠和冥想音乐的使用是要达到辅助和促进被培训人员的睡眠休息以及思考的作用。促进睡眠休息，有利于被培训人员在较长的被培训时间里面保持良好的精力和精神状态，收到最好的培训效果。而在培训之中，冥想——全身心的投入思考更有助于被培训者对培训内容的最大限度的吸收和消化。经常被采用的催眠音乐有《催眠的花园》，冥想音乐则是闻名国际的澳大利亚音乐艺术大师汤尼，从20世纪80年代晚期开始创作的《Relaxation Meditation心灵解放与冥想音乐系列》。

培训音乐播放技巧

在一些特殊的场合或时间，不需要音乐（比如说培训师要宣布培训规则时，学员提问或是回答问题时，需要在场的每一个人都能听清楚）时，就不需要画蛇添足，辅以配乐。在播放音乐时，要注意音量的调节，一般的要求是：既要每个学员听到音乐声，但又不能掩盖培训师的声音，更不能用高分贝的音乐来压迫学员的鼓膜，折磨学员的神经。

培训中音乐的使用有多种工具，CD、VCD／DVD、MP3、磁带等，网络是收集音乐的最理想的场所，容量大、类别多，而且它附有的下载功能极其方便。如果培训过程中使用的音乐过多的话，可以在音乐盘中作上标记以方便寻找，在培训前必须检查培训场地的线路是否正常，检测播放设备（包括麦克风）的运转是否正常，如果是使用电池的话，必须保证电力的充足，同时可以准备备用的电池。

◆ 音乐在游戏中的使用技巧

（1）不同游戏应使用不同的音乐引导。

（2）音乐是游戏分享时的重要组成部分。

（3）音乐应随学员的情绪变化而改变。

（4）灯光需要与音乐进行配合使用。

◆ 催眠冥想中音乐技巧

（1）音乐需要连续，建议以两台DVD进行操作。

（2）声音大小适中，以让人感觉舒服为标准。

（3）音乐根据要引导的方向进行选择。

（4）当中不允许有人走动或手机发出声音。

（5）引导随音乐的起伏变化。

（6）结束时缓缓结束，让学员有清醒的时间。

如果要整场都使用音乐，则要自己先仔细听一遍音乐，防止中间出大的波折，影响现场效果。

培训音乐曲目选用参考

培训音乐(一)
钢琴曲

1.《星空》
2.《闭上眼睛》
3.《罗密欧与朱丽叶》
4.《玫瑰色的人生》
5.《献给爱丽丝》
6.《小夜曲》
7.《命运奏鸣曲》

培训音乐(二)
舞曲

1.《健康歌》
2.《眉飞色舞》
3.《“兔子舞”曲》

培训音乐(三)
进行曲

《斗牛士之歌进行曲》

培训音乐(四)
歌曲Ⅰ

1.《烛光中的妈妈》
2.《天亮了》
3.《父亲和我》
4.《常回家看看》
5.《特别的爱给特别的你》
6.《思念谁》
7.《在你面前我好想流泪》

歌曲Ⅱ

1.《我是一只小小鸟》
2.《沧海一声笑》
3.《流浪歌》
4.《铁窗》
5.《伤痕累累》
6.《往事随风》
7.《征服》

歌曲Ⅲ

1.《从头再来》
2.《壮志在我胸》
3.《真心英雄》
4.《众人划浆开大船》
5.《朋友别哭》
6.《明天更美好》
7.《英雄》
8.《热情的沙漠》
9.《我的未来不是梦》
10.《阳光总在风雨后》
11.《日出东方》
12.《我真的很不错》
13.《龙的传人》

歌曲Ⅳ

1.《同一首歌》
2.《掌声响起来》
3.《感谢你》
4.《友谊地久天长》
5.《朋友的心》
6.《爱的奉献》
7.《你是幸福的》
8.《感恩的心》
9.《我心永恒(My Heart Will Go On)》
10.《朋友》

培训音乐(五)
纯音乐专辑

1.《神秘园》专辑
2.《班德瑞》专辑

培训音乐(六)
心理调节性音乐

1. 消除疲劳
海顿组曲《水上音乐》
2. 激发创新思维
贝多芬《热情奏鸣曲》

3．增强自信心

贝多芬《命运交响曲》，海顿《创世纪》，柴可夫斯基第六交响曲《悲怆》

4．催眠

《二泉映月》、《平湖秋色》、《出水莲》，门德尔松《仲夏夜之梦》，德彪之西《钢琴协奏曲》，莫扎特《催眠曲》，班得瑞的《森林狂想曲》

5．镇静

《塞上曲》、《春江花月夜》、《平沙落雁》《仙女牧羊》、《小桃红》

6．缓解悲伤

柴可夫斯基第六号交响曲《悲怆》

7．解除忧郁

《喜洋洋》、《春天来了》、《啊，莫愁》，西贝柳斯《悲痛圆舞曲》，莫扎特《第九十交响曲》，格什温《蓝色狂想曲》，莫扎特《弦乐五重奏曲G小调》、《交响曲第25G小调》，舒伯特管《弦乐四重奏曲D小调·死神与少女》

8．减压

艾尔加《威风凛凛》

9．增强记忆力

巴赫《G弦上的咏叹调》

10．忏悔、净化心灵

舒曼《梦幻曲》

11．增强勇气

贝多芬《英雄》，瓦格纳《众神的黄昏》

12．增强创造力和数理能力

爵士乐

编后语

人类的发展与知识传播的速度是成正比的。当一个人的智慧变成了绝大多数人的智慧的时候，整个人类就前进了一大步。能够致力于知识与信息的传播，为社会的进步尽一点点微薄之力，想来也应该是一件可以引以为荣的事情。本系列图书的编写者均为一直奋斗在管理培训领域的工作者，亲身体验也亲眼目睹了培训师群体的成长。几年来，我们总是以收藏家的眼光来发掘和整合一些业界的“珍宝”——对培训师和培训工作有用的资讯、素材和工具。许多业界的朋友对于我们长期积累的这些成果表现出了浓厚的兴趣，称之为“眼前一亮，如获至宝”，甚至于不远万里来求索，并建议付梓出版。

经过多年的努力，我们终于顺利出版了企业管理培训丛书：《企业管理培训故事全书》、《企业管理培训游戏全书》、《企业管理培训幽默全书》、《企业管理培训案例全书》、《企业管理杰出员工全书》、《企业管理培训经理全书》、《企业管理培训演示技巧与配乐全书》、《企业管理户外拓展训练全书》、《企业管理培训师训练全书》等九本培训专业工具书。在编写过程当中，我们秉承了一贯的原则，那就是努力使书中的内容做到最新、最全面和最经典。我们希望，书中辑录的每一段文字都能够对读者产生影响，对读者有所启迪。

本书能够顺利出版，要感谢众多有实战经验的培训界朋友和作者对此系列图书的重视和支持。是他们主动给我们提供了有价值的材料，并对我们的编辑工作给予了宝贵意见和指导。

为编写本书，我们翻阅、借鉴了大量图书、资料。由于种种原因以及时效和通讯上的障碍，无法一一与原作者及版权所有者取得联系，在此谨表歉面。为了表示我们对原作者及版权所有人的尊重，相关事宜请通过专

设邮箱dachengbook@163.com与我们联系，我们将及时予以回应。

最后，再次向关心和支持本系列图书出版的朋友，表示深深的谢意。

编 者

2012年3月